心智整合

卓越领导者身心合一的修炼之道

任建平 著

中华工商联合出版社

图书在版编目（CIP）数据

心智整合：卓越领导者身心合一的修炼之道 / 任建平著 . — 北京：中华工商联合出版社，2025.3
ISBN 978-7-5158-4202-8

I.F272.91

中国国家版本馆 CIP 数据核字 2025BH8496 号

心智整合：卓越领导者身心合一的修炼之道

作　　者：任建平
出 品 人：刘　刚
责任编辑：吴建新　关山美
装帧设计：智　画·王桂花
责任审读：付德华
责任印制：陈德松
出版发行：中华工商联合出版社有限责任公司
印　　刷：北京毅峰迅捷印刷有限公司
版　　次：2025 年 3 月第 1 版
印　　次：2025 年 5 月第 1 次印刷
开　　本：710mm×1000mm　1/16
字　　数：220 千字
印　　张：16.5
书　　号：ISBN 978-7-5158-4202-8
定　　价：68.00 元

服务热线：010-58301130-0（前台）
销售热线：010-58301132（发行部）
　　　　　010-58302977（网络部）
　　　　　010-58302837（馆配部）
　　　　　010-58302813（团购部）
地址邮编：北京市西城区西环广场 A 座
　　　　　19-20 层，100044
　　　　　http://www.chgslcbs.cn
投稿热线：010-58302907（总编室）
投稿邮箱：1621239583@qq.com

工商联版图书
版权所有　侵权必究

凡本社图书出现印装质量问题，
请与印务部联系。
联系电话：010-58302915

推荐语

在《心智整合》一书中,作者任建平介绍、诠释、升华、创造了很多理论模型。最重要的是,从这些内容中,看到了作者自己的内化和升华过程。可以说,在这些模型的诠释、演绎和创造中,作者的心智达到了高度整合的境界。本书思想深刻、意境深远、文字优美。您难道不好奇,作者是如何达到这样的修炼水平的?

——陈玮(CGL集团副董事长、咨询业务CEO;北大汇丰管理实践教授)

这是继《自变》以后,建平老师出版的第二本著作《心智整合》,目前在国内此类书籍非常难得。建平老师是一位有理想、有大爱、高能量的前沿实践探路者,本书基于凯根等大师的理论,指导领导者和企业家向内探寻,释放被压抑的"阴影",清除内在障碍,进而改变自己的领导行为,如权力感、冲突处理、人才观等,持续修炼成为心智更加成熟和内外高度整合的卓越领导者,塑造更加平衡健康和可持续的企业发展。在当今混沌多变的商业环境中,本书的启示尤为珍贵,是指导领导者和创业者,以及终身学习者实现组织变革、个人成长和自我实现的重要指引和工具书。

——施重凌(霍尼韦尔中国卓越运营研究院顾问总监)

此前读过任建平老师的《自变》,非常认同关于领导者心智发展阶段的理论框架,尤其对于最高层次——自变领导力状态下的思维模式、行为逻辑和组织发展更是心有戚戚。结合个人领导力心智成长的经历,当时我认为领导者要达到自变领导力主要靠"机缘"。但一口气读完新书《心智整合》后,终于看到了"修行"的方法。难能可贵的是,任建平老师给出的"打怪练级"之路,既借鉴了从荣格到人本心理学发展的理论,又提炼了领导力训练营辅导的实践经验;既有对任正非这样中国优秀领导者的样本分析,又有从领导者个体灵性成长直到组织原则、文化的升华。推荐各级领导者阅读后,能实现个人心智和组织的共同成长!

——张宗韬(现代财产保险中国有限公司总经理)

　　有幸作为第一批读者读到建平的新书《心智整合》,读的过程激发了我对于许多个人心智成长和领导力实践的反思。作者用灵性成长的四个关键步骤——觉醒、成长、清除和展现展开阐述领导者心智成长的路径,揭示我们心智成长的内在规律,启发我们清晰地看到自己的每一个观点,并对其进行辩证性的思考。这种批判性思考自我和他人观点的能力,是当下每一位心智成熟且高度整合的个体都应该具备的。作者在书中提到的很多观点、事例和方法,都与我们的个人成长、领导能力以及生活状态紧密相连,能够引导大家去深入挖掘自我,探寻那个更好的自己。一个心智觉醒的领导者,不仅能够整合自己的内心世界,还能够知行合一主动塑造环境。总之,本书能帮助读者系统地建立关于领导者心智的认知,并能够启发领导者的思考和探询,从而激发出更加优秀的领导者状态,创造出更具领导力驱动的组织形态。特别值得企业领导者和人力资源管理从业者阅读和学习。

——**周立平**（默克集团中国区人力资源负责人）

很多领导力相关的书籍都提到了心智模式的升级以及心智整合的概念，包括《第五项修炼》中的心智模式这个章节，还有《从优秀到卓越》中提到的第五级经理人。但很多情况下仅仅是读了书也很难领悟到或者察觉到自己的心智模式。任老师曾经带领团队在我们公司做了一个工作坊，在这个过程中通过非常具体落地的方法让很多同学能够感知到自己的心智模式，通过一些深刻的问题让大家找到一些我们可以转变的念头，这点非常了不起。这本书正是任老师的这套工作方法的一个详细介绍，这套方法整合了很多先进的心理学、组织行为学和领导力教授的方法论，同时又很实操。在三年疫情经历了太多的不确定性之后，重新再回顾这本书中的理论和方法，仍然会感慨自己需要提高的太多。也希望这本书和这套方法能够帮助更多的人。

——**吴明辉**（明略科技集团创始人兼首席执行官）

最早认识任老师，是跟着老师学习自变领导力，先自我觉察，再自我改变。当时就醍醐灌顶，当然，我功力不够，真正最后掌握深刻的还是自觉的能力，自变还有很长的路要走。今天，任老师提出的心智整合，是在自变领导力基础上的更大升华，尤其心智"阴影"的论述，对我启发很大。之前我们看到的管理学书籍，更多都是在研究如何提升自己的认知，和增强自己的心力，也就是世界向前，我们向上，这符合我们的主流价值观，很少去认真讨论"向后"和"向下"背后的可能性。个人认为，只有有能力觉知到"向后"和"向下"，才有机会看见"向后"和"向下"背后蕴含的价值,就像失败背后的社会价值。只有去体验"向后"和"向下"才有可能接近知行合一。任老师希望大家不仅仅能够看见"光明",也要能够看见"阴影",不仅仅努力去践行"光明",同时要体验"阴影",才能够成为高度整合的人。在今天疫情后这个时代背景下,这本书应运而生,让我们看到了不是一定要成为强大的领导者,成为高度整合的领导者应该是更适合大家长期去修行的路。

——姜平(明略科技集团总裁)

序　言

2019年，经过四年持续的写作，我的《自变》一书出版了。这本书基于心智理论，提出了九项关键自变领导力，并介绍了如何发展自我心智，达成高度自变的状态。在如今这个高度不确定且变化莫测的世界里，我们亟须自变领导力。同年，基于前期的准备和不断完善，我开发完成了"自变领导力发展训练营"这门发展领导者心智的课程。这门课程基于一套完整且有效的领导者心智发展逻辑，推出后在诸多优秀组织中成功落地，帮助组织中领导者建立心智认知，基于心智发展领导力。2021年我又推出了"组织工作原则和创新实践活动共创工作坊"，将领导者的心智发展与组织文化建设相结合。在这个过程中，我不断通过授课、高管教练、组织内的咨询项目以及持续的学习和写作，完成了一系列关于领导者心智发展的文章。这些文章汇总起来，就形成了这本书——《心智整合》，它可以说是《自变》的姊妹篇。

如果说《自变》还是对自变领导力行为层面的描述，那么《心智整合》则更多地希望带领读者探讨如何建立关于心智发展内在规律的认知，并基于这些规律展开心智方面的训练。通过心智训练，领导者能够有机会细致审视自我的内在观念，并不断调适和转化自我的观念，进而为自己和组织带来更多创新和变革的理念，培养出真正善于创造工作原则和引领组织文化的领导者，这构成了本书的主要脉络。

本书是基于当今世界上公认的关于意识和心智成长的核心理论展开的。对我影响深远的有两位心理学的大师：一位是哈佛大学的教授罗伯特·凯根，另一位是波士顿学院的教授比尔·托伯特。我在2015年和2018年分别在波士顿参加了他们的专题认证培训和工作坊，有机会与凯根和托伯特进行面对面的学习交流。后来，在我的《自变》一书出版时，托伯特教授还亲自为我的书写了推荐语，高度认可这本书对于向中国的商业领导者推荐和传播领导者心智理论以及帮助领导者建立心智认知的重要性。

对我创作本书影响很深的还有另外一位我未曾谋面的大师，他就是肯·威尔伯。虽然没有机会和他见面，但他的思想对我影响颇多。肯·威尔伯是著名的超个人心理学的思想家和理论家，被誉为是"意识领域的爱因斯坦"。出生于1949年的他在23岁时就有《意识光谱》一书出版。他的著作，如《灵性的觉醒》《没有疆界》《生活就像练习》《一味》等，对我创作本书都产生了很大的影响。虽然肯·威尔伯已经不再著书，但他还时常出现在视频访谈中，接受一些专业博主的访谈。在最近的几次专业访谈中，肯·威尔伯谈到灵性成长的四个关键步骤，包括觉醒（Waking Up）、成长（Growing Up）、清除（Cleaning Up）和展现（Showing Up）。我认同心智发展实际上是一个人灵性成长的前期阶段，因此发展领导者的心智同样可以吻合这四个步骤。这启发了我将"自变领导力发展训练营"的课程结构和本书的写作按照觉醒、成长、清除和展现这四个部分展开。

当整合出版本书的时候，我总结了本书中十个关键的亮点，在此推荐给读者。

本书的第一个亮点是道明了心智发展的四步骤逻辑。如果我们深入研究心智发展的内在规律，就会发现心智发展有一个确定的轨迹和规律。无论是马斯洛、洛文杰、托伯特还是凯根、皮亚杰和威尔伯都从不同角度道明了这个发展规律。如果你了解了这个规律，就实现了从这个规律中的某种觉醒。在本书中，我围绕20个领导者的关键议题展开了心智发展阶段的描述。基于这样的描述，可以确立不同领导者在各个议题上的成长方向，这就是"成长（Growing Up）"。在"清除（Cleaning Up）"部分，我重点阐述了荣格的阴影理论和凯根的变革免疫分析方法论。借用这些方法论，领导者乃至每个人都可以探索到潜意识层面自己的观念。这些潜意识层面的观念，塑造了每个人、每一位领导者的心智状态。大致来说，我们的潜意识观念可以被分为两个部分：一个部分是我们高度认可的观念，是我们相信的"绝对真理"，这可以通过凯根的变革免疫分析来溯源；另一个部分是我们抗拒或排斥的观念，这些我们不认同的观念就是荣格所说的阴影。通过荣格的阴影工作（Shadow Work），我们可以发现和转化这些观念，最终实现心智观念的有效整合。

本书的第二个亮点是对于任正非心智发展的论述。国外的学者研究过巴菲特的成长路径高度吻合心智发展的内在规律。我也曾在《商业评论》上发表过一篇关于任正非心智成长的文章并受到了很多关注。从这篇文章中，我发现任正非内心成长的轨迹高度吻合心智成长的内在规律，这也证明了一个人的心智发展是有迹可循的。如果我们能够从中觉醒，认识到这个客观规律，对每一位领导者乃至于每个人而言都是至关重要的。任正非虽然取得了非凡的成就，但在他的整个奋斗历程中却充满了压力、挫折和挑战，甚至他曾经一度患上了抑郁症。这说明如果一个人没有认知到自我成长的内在规律，就会非常被动。任正非的案例也启发我们可以更加自觉地去发现这个规律，从这样的规律中获得觉醒，并用这样的规律来指导我们每个人的人生成长。

本书的第三个亮点是将心智、健康和灵性的成长相互关联。所谓的整合，首先是心智中各种观念的有效整合，这让我们内心没有矛盾感，达到和谐的统一。但更重要的整合体现在身心的高度合一上。本书介绍了一些如何让我们达成身心合一的方法。真正的整合能带来更加健康的体魄、更加和谐的心智以及更有意义的精神感知。如果我们都能意识到身体、心智和精神（灵性）的密切关联，我们才有可能达到真正的身心合一。

本书的第四个亮点是围绕托伯特定义的"炼金术士"展开的。"炼金术士"领导者道明了领导者可以达成的至高境界。这样的领导者并不是通过管理人员、推动业绩和塑造组织来达成的，而是通过精神层面来引领众人。在这个层面上，我一直认为佛陀是世界上迄今为止最成功的领导者之一。他的思想历经几千年依然得到传承，改变了数以亿计人的思维和行动，并让这个世界向更加真善美的方向发展。因此，"炼金术士"的领导者为领导力的表达树立了一个更高的标杆。但我们也需要意识到，并不是只有那些非常有名、非常成功的领导者才能达成炼金术士领导者的境界。任何一个人都可以发现自我的"炼金术士"潜质。当我们某种程度跳脱出对于物质和个人成就的追求，更多地上升到精神层面时，我们都可能在各自的领域中达到"炼金术士"的状态。任何一位领导者都可以成为"炼金术士"的领导者，这并不是一个高不可攀的追求。

本书的第五个亮点是给出了不同心智领导者处理各项领导者议题的细节阐述。围绕这20个领导者的议题，在我开发的"自变领导力发展训练营"课程里有非常清晰的心智表达界定。在本书中，我也围绕权力感、冲突管理、利益相关者、人才发展等关键议题进行了阐述。这些议题在不同心智下的表达可以总结如表1所示。

表 1　不同心智下的议题表达

心智/议题	权力感	冲突管理	利益相关者	人才发展
冲动/工具型	单边的权力	权力控制和裁决	排除他人	适者生存
社会化型	自身魅力的权力	顺从和回避	利益团伙 排斥外人	教育/指令
自主—专家型	制度化的权力	希望解决	专业导向 独善其身	学徒制
自主—成就者型	基于结果构建的权力	综合解决	整合的伙伴关系	辅导/学习型组织
自变型	基于愿景和实践型的权力	利用冲突焕发动能	关注内外部利益相关者	开放式学习和分享

本书的第六个亮点是关于阴影的阐述和呈现。阴影是荣格心理学的关键概念。现在提到荣格，很多人不知道他，或者根本没有学习过他的核心理论（其实现在流行的MBTI就是基于荣格理论发展而来的）。当今，心理学实际上已

经抛弃了荣格深刻的心理分析和阴影理论。荣格的阴影理论的确和现代社会中一味追求积极乐观、幸福快乐、卓有有效的状态背道而驰。但当我们一味追求这些优秀、快乐、幸福的状态时，就会投下深深的阴影。每个当今社会关注的问题背后都可以找到一个阴影的心理学解释。而组织中的领导者如果希望更加整合有效，就需要去直面个人和组织的阴影问题。就像肯·威尔伯说的那样："我越渴望快乐，就越害怕痛苦；我越想变善良，就越害怕邪恶；我越想成功，就越难以承受失败；我越是贪恋生命，就越恐惧死亡，总之，我越珍惜，就越害怕失落。换言之，我们大多数的问题都是疆界以及疆界引起的对立的问题。"这也是为什么肯·威尔伯认为荣格的阴影理论是近一百年来西方心理学最关键的理论发现。从我个人的实践而言，我也认为"阴影"是一个核心的心理学概念，我们完全不应该忽视。因此，我在本书中有多个章节重点介绍了阴影理论和它的应用，包括投射到领导者个人和组织上造成的"阴影"问题。我也希望通过这些阐述能够引发读者对于"阴影"这个关键理论的关注，并可以尝试利用阴影理论来解决个人、领导者、组织的一系列问题。

本书的第七个亮点是提出了"组织阴影"的概念。基于荣格的阴影理论，"组织阴影"是一个鲜少有人关注的组织发展议题。然而，任何的组织文化都会带来相应的"组织阴影"，这些"阴影"实际上是组织面临的各种问题的根源所在。例如，很多组织非常注重绩效导向，最讨厌的就是无能者，从而形成了系统的"组织阴影"。在这样的组织中，领导者容易表现出自大和傲慢，这样的组织普遍排斥绩效低下的人员，也不愿意投入长期培养人才的工作中。

本书的第八个亮点是我提出的一个核心观点：领导者的核心工作就是要创造工作原则。这区别了管理者和领导者。领导者善于创造原则，而管理者大多数只是遵循相应的原则。如果领导者不能为他的团队、他的组织乃至整个社会创造有效的工作原则，那他可能就不能被认为是一位有效的领导者。我也提出了若干标准来衡量领导者创造的工作原则是否有效。这些标准包括：

原则要结构化，能够有颠覆性，能够帮人清除思想障碍，能够带来利他的效能，能够不断迭代和整合，从而带来和谐的统一。很多人都会说出自己的原则，但他们的原则可能不吻合这些标准，因此并不是优秀的工作原则。

本书的第九个亮点是我提出了"文化3.0"的视角。基于对沙因观点的迭代，我们看到沙因虽然提出了非常系统的文化观点，并分析了文化的底层是众人的假设，但他并没有系统地阐述如何去拆解这样的系统假设。同时，我们也能够看到很多组织还停留在表面的文化表达层面：一方面追溯不了底层假设；另一方面，他们的价值观并不能有效地投射出真正有明确指导意义的工作原则和实践活动。而文化3.0的视角能够更加系统地解构不同组织的文化底层假设，同时让组织中的领导者基于更高心智的价值观来创造可以落地的工作原则和实践活动，从而让价值观生根，让文化得以真正落地。

本书的第十个亮点道明了领导力成长的终极目标是灵性的成长。灵性这个概念在中国较少被提及，但实际上我们的祖先在中国传统文化里也有大量的关于灵性的阐述。大家都很崇尚王阳明，王阳明的心学实际上就是关于人的灵性探索。只是灵性可能是更偏西方的一种说法。不管用灵性、心学还是自性、自我的成长，都最终关系到一个人精神层面的界定。我们需要关注组织的灵性资本和领导者的灵性智力的发展，从而更多地理解和挖掘组织和个人可以展现的精神层面的内容。

虽然本书有一系列值得读者关注的观点和实践方法，但肯定也有很多值得商榷之处和不完善之处，我在这里也欢迎每一位读者朋友对于本书提出宝贵的批评与指正意见。在阅读这本书的过程中，我也希望读者能够从以下几个维度来深入理解和应用书中的内容：

首先是激发思考。心智是由看似抽象，却又实实在在影响着我们的各种观念构成的。人们拥有的各种观念，无论是道德的、价值观的、需求的、认知的、情感的、美学的，都如繁星般璀璨且复杂。它们在我们的内心深处交织成一幅幅独特的画卷，塑造着我们的思维方式和行为模式。而本书正是希望带领大家一起去探索不同心智下的观念状态，去揭示我们心智成长的内在规律。重要的并不是我们当前处于什么样的心智阶段，而是我们能否清晰地看到自己的每一个观点，并对其进行辩证性思考。这种批判性思考自我和他人观点的能力，正是每一位心智成熟且高度整合的个体应该具备的。

其次是探询自我。我希望这本书能够成为大家探询自我的一把钥匙。书中提到的观点、事例和方法，都与我们的个人成长、领导能力以及生活状态紧密相连。我希望它们能够像一盏明灯，照亮大家前行的道路，引导大家去深入挖掘自我，探寻那个更好的自己。

再者是要勇于尝试。真正的领导者，无论是在职场、家庭还是社会中，都需要具备实践的能力。他们懂得如何建立自己的实践模式。本书将为读者探索如何展开这样的实践模式提供有效的指导，希望能够为您带来启发和帮助。

最后是塑造环境。一个优秀的领导者，不仅能够塑造自己的内心世界，还能够通过塑造环境和塑造组织来影响和促进他人的发展。在我介绍凯根的意识成长阶段的第二阶段，就是6到18岁的青少年时期，人们开始被自我的需求、欲望所驱动。这个时候，如果家长在孩子能够触及的环境中创造一个充满书籍的氛围，青少年将养成读书学习的良好习惯，而非沉迷于电子游戏。这也说明塑造环境对于人的成长的核心作用。这是教育学中的一个潜在规律，更是我们在日常生活中能够亲眼见证的事实。因此，在这本书中，我特别强调了领导者需要树立主动塑造环境的意识。当领导者建立了心智的觉醒，真正可以达成知行合一状态的方法恰恰是通过塑造环境达成的。

总之，希望本书能帮助读者系统地建立关于领导者心智的认知，并能够启发领导者的思考和探询，从而激发出更多优秀的领导者状态，创造出更具领导力驱动的组织形态。

任建平

2024年10月6日于北京

目录 CONTENTS

第一部分 觉醒（Waking Up）

第 1 章 领导力发展的整合之道 003
领导者的发展：成为高度整合的人 004
什么是"领导力发展的整合之道" 006
领导力发展的 AQAL 全观视角 009
用"整合之道"发展领导者 011

第 2 章 横向和纵向兼容的领导力发展之道 023
横向和纵向领导力发展的理论基础 024
横向领导力发展的范例——SIAC 领导力发展模拟舱 032
纵向领导力发展的范例——自变领导力发展训练营 033
横向和纵向领导力发展的差异 037

第 3 章 从任正非看领导者的心智成长 039
我们向优秀的领导者学习什么 040
任正非的心智发展范例 046

领导者心智发展的内在规律　053

第 4 章　心智整合才能正直　057

正直的含义　058

如何做到正直　060

内在的恐惧让我们无法全然正直　063

整合即正直　065

第 5 章　让身心合一的健康之道　067

我们需要"装"吗　068

"忍"字头上一把刀　069

负面情绪会导致疾病　071

转化情绪能带来健康　073

焕发自由能量　076

第二部分　成长（Growing Up）

第 6 章　"炼金术士"领导者的奥秘　081

什么是"炼金术士"　082

历史上的"炼金术士"　085

历史上最后一位"炼金术士"　087

"炼金术士"的精神内核　089

"炼金术士"领导者　091

第 7 章　善用冲突，激发组织能量　093

"冲突"被贴上了不良的标签　094

目录

人际冲突中的"受害者心态"　098
管理冲突从提升心智开始　101
创造管理冲突的容器　103

第 8 章　心智越成熟，视野越宽广　105

食品危机事件中的利益相关者视角　106
领导者需要学习利益相关者理论　107
ESG，在乎者赢　110
意识越成长，视野越宽广　113
中国企业的利益相关者认知和实践任重道远　116

第 9 章　组织心智差异决定人才发展模式　119

组织心智的分型　120
不同组织心智的具体表现　122
组织心智如何影响人才发展模式　125
不同心智的组织的优势和问题　129

第三部分　清除（Cleaning Up）

第 10 章　阴影下的"躺平"　135

该不该"躺平"　136
阴影自我　138
展开阴影工作　141
阴影工作带给组织的全新视角　144

第 11 章　阴影：领导者修炼和组织成长的必由之路　145

阴影——荣格提出的革命性概念　146

领导者的阴影　147

领导者阴影的生成机制　150

组织的集体阴影　152

中国组织的阴影状态　155

如何处理领导者的阴影和组织阴影　160

第 12 章　专家的思维陷阱　165

神秀和慧能的故事　166

专家的出现　168

专家的心智陷阱　170

如何跳出专家的思维陷阱　174

第 13 章　你的完美为何无法达成　177

美好目标总是无法落地　178

变革免疫分析　180

改变观念才能达成更好目标　185

如何转化心智观念　187

思维模式转变带来领导力的升级　189

领导者如何知行合一　191

第四部分　展现（Showing Up）

第 14 章　从单环学习迈向双环学习　195

领导者可能并不善于学习　196

从失败中学习　197
单环学习和双环学习　198
从单环向双环学习转化　201
领导者需要学会双环学习　204

第 15 章　优秀的领导者都善于创造原则　207

领导者的主要工作——创造原则　208
什么是好的原则　213
如何创造好的工作原则　215
好的工作原则带来的收益　219

第 16 章　领导者是组织文化的创造者　221

领导者创造和管理企业文化　222
企业文化的 3.0 视角　224
现有企业文化建设的核心挑战　229
文化是创造出来的　234

第 17 章　领导者的灵性成长　235

灵性并不是计算　236
何为灵性　237
未来的世界是灵性的世界　241
如何发展灵性领导力　243

WAKING UP

第一部分

觉醒

本部分聚焦于帮助读者实现意识层面的觉醒，理解领导力发展的内在心智规律，构建对自身领导力发展的正确认知。笔者围绕领导力发展的整合之道展开，引入肯·威尔伯的AQAL全观视角和横向/纵向领导力发展的观点，引导读者从"我""我们""它""它们"四个维度全面审视领导者的发展，并让读者对领导力发展模式有更多元的认识。笔者通过剖析任正非的心智成长历程，展现了领导者心智成长的具体过程和内在规律，使心智的抽象理论具象化，并强调觉醒对于领导者实现心智突破的关键作用。笔者同时探讨了领导者身心合一的重要性，指出内在整合是实现正直的基础，而身心合一则是领导者健康发展的保障。这些内容相互关联，希望引导读者实现从心智认知到身心合一的觉醒。

第 1 章

领导力发展的整合之道

成为一位领导者和成为一位高度整合的人是一样的。

——肯·威尔伯

整合代表你的人生是按照你的理解在运作。

——阿玛斯

领导者的发展：成为高度整合的人

超个人本心理学家、哲学家肯·威尔伯有一句精辟的名言，他说："成为一位领导者和成为一位高度整合的人是一样的。"

那么，如何定义"高度整合的人"这一概念？简单地说，高度整合的人是一种身心合一的状态。其拥有健康的体魄、成熟的心智和富有感召力的灵性，这样的人带给人们光辉和能量，是引导众人走向真善美状态的人，是身、心、灵高度整合的个体。由于自带光芒，充满能量，理解更真、更美和更善的境界，他们才能形成领导力，才能做到"以身作则、共启愿景、挑战现状、激励人心、使众人行"（库泽斯和波斯纳定义的卓越领导者的五种习惯行为）。

当然，人无完人，"完全高度整合的人"是极其稀有的。古代的圣人，如老子、孔子、悉达多、王阳明，是我们心目中高度整合的人，所谓内圣外王就是这个意思，如果身心高度统一，就具备了领导他人乃至引领整个人类的能量。

作为现代人和业务领导者，如何成为一名身心合一的领导者？吉姆·洛尔和托尼·施瓦茨在其《精力管理：管理精力，而非时间》一书中，这样定义"身心合一"："身体、情感、思维和意志都需要体现出力量、耐力、灵活性和恢复力。身体层面的灵活性指的是肌肉可以适应大幅度的运动。情感的灵活性指可以在多种情绪层面中自如恰当地转换，而非僵硬或防备地回应外界。情感的恢复力是指从失望和沮丧中恢复的能力。思维的耐力指的是保持专注的能力，而思维的灵活性表现在人们可以在理智和直觉间自由切换，并接受多重角度的观点。意志的力量反映在无论环境如何变化，甚至当坚守价值观会导致个人利益牺牲时，也可以坚守个人最深层面的价值。精神的灵活性则表现在对不同价值观和信仰的包容，只要它们与人无害即可。这样才能达成身心合一、全情的投入。"

而我们经常称道的一些商业领导者，如任正非、巴菲特、达利欧等，这些人无一不具备身心合一的状态，才能够适应具有高度挑战性的商业环境，以充沛的精力，以及有深度的心智洞察，达成非凡的事业。

反观现实商业社会中的领导者，无法实现身心合一乃是领导者发展中的最根本挑战之一。但目前市场中的领导力发展模式，大多集中在领导者理念和行为层面的灌输上，而不去深究为什么领导者无法焕发出真正优秀且有效的行为和行动。因此，我们需要用一种更加有深度的视角来理解成为领导者的根本，才能为发展领导力指出一条全新且更加有效的路径，我将其称为"领导力发展的整合之道"。

什么是"领导力发展的整合之道"

谈到领导力发展，业内的理论和实践很多，但纵览诸多的理论和实践，我发现并不能呈现领导者成长的清晰轨迹和证据。很多领导力课程围绕不同角度展开培养，如培养领导者的情商、韧性、果敢、战略思维等，但覆盖的范畴有限，解决的实际领导者挑战被限制在一些特定的维度上。有一些领导力的培养方式虽然涉及多个维度，但我们也会发现，从培养到学以致用的转化难度非常大。希望成长为领导者的个体往往并不能将课堂中的领导力知识和理论轻松转化为自身工作中的切实领导力行动。

所以，我们有理由期待一种能够解决现在的领导者发展模式障碍的全新角度，来发展领导力。这样的领导力发展模式应该是高度整合的、能够触及广泛的业务问题和领导者挑战。同时，它能够从本质上帮助领导者理解自我，找到自我的内在阻碍，并通过长期的努力实现真正的成长。

而这样的整合领导力发展模式就需要借助整合理论（Integral Theory）学说的创始人肯·威尔伯的AQAL（全象限、全层次）框架来落实。

威尔伯的整合学说是迄今为止最为全面的整合理论框架。因此，他被称为意识领域的"爱因斯坦"。他提出"全象限、全层级"（AQAL）的方法论包含了前现代、现代和后现代的重大原理，并使这些原理在一个综合的整体框架内得到整合。首先，威尔伯将世界区分为四个象限维度：我的世界（主观的）、我们的世界（泛主观的）、它的世界（客观的），以及它们的世界（泛客观的）。另外，威尔伯整合了一系列发展理论，从马斯洛的需求层次理论到杰伯赛的世界观；从皮亚杰的认知理论到韦德的价值观；从洛文杰的自我认同到凯根的意识发展（关于凯根的意识发展理论在我的《自变》一书中有详细阐述）。因此，威尔伯发现，在跨文化和跨时代的人类智慧发展中，不同理论家描述的人类心智发展阶段是相同的。

威尔伯的"全象限、全层级"的方法整合了世界（我、我们、它、它们）四个维度以及意识的九个发展层级。其整合学说将科学、社会学、心理学、哲学等理论有机整合，呈现了更加全面的、"无疆界"的以及世界"一味"的全观视野。

这样的理论应用到领导力发展领域，我相信它能提供一种全面的领导力发展视角，那就是从"高度整合的人"的角度来审视和发展领导力，是未来领导力发展的整合之道。

利用肯·威尔伯的"全象限、全层级"（AQAL）的方法论，我们有机会从心理学、哲学、管理学等视角全面审视领导者的发展维度，形成一种统观的视角。AQAL模型的左边是两个内部象限：内在的领导者个体（我）和内在的领导集体（我们）。模型的右边是两个外部象限：外在的领导者个体表达（它）和外在的领导者集体表达（它们）（如图1-1所示）。

内在个体 "我" 意识层面的（我的思维、感受、情绪、体会）	外在个体 "它" 行为层面的（我表达出来的行为和我可以控制的）
内在集体 "我们" 人际层面的（我们一起感受的，我和他人互动的）	外在集体 "它们" （我们一起做的和产出的）

图1-1 从AQAL模型看领导者的发展

内在个体（"我"）诠释了领导者的内在体验，它是意识层面的。其包括领导者的思维、感受、情绪和体会。内在集体（"我们"）诠释了领导者共享的人际体验，包括我们如何与他人互动，我们一起形成的文化感受等。外在个体（"它"）关注可见的领导者行为，是领导者的行为模式。外在集体（"它们"）关注社会层面的共享外在经验，是领导者和他人一起产出的内容。

威尔伯的四象限整合理论将世界有机地整合起来，形成了整体的看法。四个象限各自独立，但又相互关联。在每个象限中，肯·威尔伯也明确了具备不同层次的由低到高的发展规律。在他的早期作品《意识光谱》中，从低到高的意识构建从红外光、红色发展到绿色、蓝绿色最后一直延伸到明光状态。这条光谱在第一象限有机地整合了马斯洛的需求层次、杰伯赛的世界观、皮亚杰等人的认知系统、洛文杰的自我认同和罗伯特·凯根的意识发展理论。

将意识光谱和凯根的意识发展层级以及托伯特的行为逻辑理论结合，我们可以看到领导者的意识成长从红色（对应冲动型和工具型）到琥珀色（对应社会化型），再到橙色（对应自主—专家型），和绿色（对应自主—成就者型），最后发展到青色（对应自变型）。

当然在青色的自变中还可以按照托伯特的理论细分为再定义（自变的早期）、转化（自变发展期）和"炼金术士"（自变超越期）。由于我希望将这个模型更多应用于商业社会中的领导者，我将自主思维也细分为两个子维度（专家和成就者）（如表1-1所示）。

表1-1 领导者的心智光谱

红色	琥珀色	橙色	绿色	青色
冲动型/工具型	社会化型	自主—专家型	自主—成就者型	自变型
冲动和需求 支配行动	社会规范 支配个人需求	技艺逻辑 支配社会规范	系统有效性 支配技艺逻辑	觉察和修正 支配有效性

领导力发展的 AQAL 全观视角

AQAL 带给我们一种领导力发展的全观视角，它覆盖了从内到外，从个体到集体的各个维度。围绕这些维度，我们可以一一触及领导力发展的诸多议题并形成系统的领导力发展观点。

（1）"我"的维度涉及我的自我意识、驱动力、恐惧和担心、自我决定和权力感等议题。

（2）"我们"的维度涉及我和他人的工作状态、对忠诚的看法、如何设定和沟通愿景和核心价值观、如何与人互动、如何创造喜欢的工作氛围等议题。

（3）"它"的维度涉及领导者的行为层面，包括领导者如何决策、对工作的态度、如何化解冲突、展现何种领导风格、如何看待时间等议题。

（4）"它们"的维度涉及业务和环境，包括如何沟通信息、产品和服务、组织框架、发展人员、处理利益相关者的关系等议题（具体议题如图 1-2 所示）。

从这样的角度看，任何的领导者成长都是一种"英雄之旅"。它高度复杂，包含人性的理解和对世界的深度认知。因此，领导者的成长过程必然充满了激情、渴望、斗争、挫折、喜悦和成长的体验。

在现实中，我们看到太多的商业领导者缺乏领导力的自我认知和有效行动。它们遇到的问题都可以从图 1-2 所示的四个象限来展开探讨和研究，并找到发展方案。领导者会出现各种各样的问题，这些问题大致可以分为四种类型。

我		它
我具备作为领导者的自我意识吗？ 我成为领导者的驱动力是什么？ 我作为领导者的恐惧和担心有哪些？ 我是如何肯定自我的？ 我的对于权力的看法和感受是什么？ ……	我如何决策？ 我如何看待工作本身？ 我如何化解冲突？ 我想展现什么样的领导风格？ 我如何看待时间？ ……	
在组织和团队中，我和他人如何展开工作？ 我如何看待忠诚议题？ 我如何设定和沟通组织和团队的愿景和核心价值观？ 我喜欢的互动方式是什么？ 我喜欢创造什么样的工作氛围？ ……	我们应该如何沟通信息？ 我们应该如何设计我们的产品和服务？ 我们应该如何构架组织框架？ 我们应该如何发展人员？ 我们应该如何处理利益相关者的关系？ ……	
我们		它们

图 1-2 领导者成长的各项议题

- **认知的问题**：对于自身作为领导者的认知存在缺失或者错误的观念和理解。

- **成长的问题**：领导者看不到成长的方向，简单停留在物质和业务成就阶段，举步不前。

- **障碍的问题**：领导者无法察觉自身无意识或者潜意识中造成的问题，通常会表现出自大、傲慢、粗鲁、害怕风险等一系列内在问题。另外，很多领导者也意识不到自己的认知边界带来的障碍，无法实现认知的突破。

- **行动的问题**：由于无法祛除内在阴影和认知边界的阻力，领导者不能真正带来更高层面的领导力，无法整合自己，发展成为更加优秀的领导者。

用"整合之道"发展领导者

参考肯·威尔伯提出的关于灵性成长的逻辑,我认为,领导者的心智成长也可以遵循四个步骤的发展逻辑。第一步是觉醒(Waking Up),第二步是成长(Growing Up),第三步是清除(Cleaning Up),第四步是展现(Showing Up)。对于领导者而言,我们需要:

(1)用觉醒来解决认知的问题;

(2)用成长来解决停滞的问题;

(3)用清除来解决内在障碍的问题;

(4)用展现来解决缺乏转化的问题。

聚焦于中国商业社会中的领导者,我们可以通过这四个步骤来逐步帮助领导者建立认知,找到成长方向,管理内在问题,从而实现真正的领导力提升和成长。细节的内容我将在后续的章节中展开介绍。在这里,我先概括地介绍一下这四个步骤中的核心内容和逻辑。

第一步——觉醒(Waking Up)

领导者的觉醒对于领导者至关重要。觉醒包含了对于身体、心智和灵性的深度觉察和辨识能力。随着经济的发展,行业和专业得到细分,更多人在不同的领域取得了成功。领导者的意识觉醒也随着社会的进步在不断演进。可以这样说,中国社会中崛起的成功商业领导者往往是那些首先响应意识觉醒的个体，如马云、任正非、俞敏洪等。但中国的商业领导者普遍缺乏主动的觉醒意识，往往为环境和社会氛围所困。他们最初的觉醒行动大都和致富联系在一起。

1969年马斯洛发表了一篇重要的论文——《Z理论》。其中，X理论对应的是第一级生理的需求和第二级安全的需求。Y理论对应的是第三级爱与归属的需求、第四级受人尊重的需求和第五级的自我实现的需求；而Z理论对应的是第六级的需求，也是人类的最高需求（超越性/灵性需求）。

按照这一理论，我们可以看到，中国人普遍缺乏Z理论中的更高意识层面的追求（就是寻求超越性和灵性）。这是因为，在我们的社会中很少会公开讨论和界定这个层面的真实含义，也因为大部分中国的商业领导者还徘徊在第一到第五级的需求满足层面。

但正如马斯洛认为的那样，自我实现（获得事业的成功）本是好事，但人不可能只是滞留于这一成长阶段，而应继续前进，不断超越。

马斯洛在《存在心理学探索》的序里写道："超个人心理学是以宇宙为中心，而不只注意人性需求或兴趣而已，它超越人性、自我及自我实现等观念……这一新的发展趋势很可能为日渐消沉的人们，尤其是年轻一代'受挫的理想主义者'提供具体有用又有效的答复……缺乏超越的及超个人的层面，我们会生病，会变得残暴、空虚、无望、冷漠。需要'比我们更伟大'的东西，激发出敬畏之情，重新以一种自然主义的、经验性的方式奉献自己。"

因此，领导者的真正意识觉醒应该是自主的，并充满自我批判精神的。有意识的领导者能够清晰地理解社会背景下的个人意识成长规律，并形成对于自我成长的明确定位和理解。在这个维度，理解心智发展理论（如凯根的意识进化理论和托伯特的行为逻辑理论）和具备AQAL的全观视角，并能和自我成长关联，将是关键的一步。如果领导者认同我们的心智需要持续地发展，认同身心合一和更高层面意识的追求，领导者将获得非常好的觉醒工具。

第二步——成长（Growing Up）

在领导者的意识觉醒后，成长就是下一步必然的工作。当领导者能够意识到自己的意识所处维度时，就可以具化到 AQAL 的四个象限来分析自己下一步要行动的方向。唯其如此，就如同在意识之海中构建出一个个的成长阶梯一样，领导者可以构建自我成长的路线图并在四个象限中全面地获得成长。

"我"的维度涉及自我意识、驱动力、恐惧和担心、自我决定和权力感等议题；"我们"的维度涉及"我"和他人的工作状态、对忠诚的看法、"我"如何设定和沟通愿景和核心价值观、"我"如何与人互动、"我"如何创造喜欢的工作氛围等议题；"它"的维度涉及领导者如何决策、对工作的态度、如何化解冲突、展现何种领导风格、如何看待时间等议题；而"它们"的维度涉及业务和环境，沟通信息、产品和服务、组织框架、发展人员、处理利益相关者的关系等议题。

在本书中，我会详细就一些核心发展维度展开论述。这里我们可以拿出一个维度来说明心智发展的阶梯形态。比如在领导者的"权力意识"维度，不同的领导者对于权力的产生和行使会有完全不同的理解和表达（如图 1-3 所示）。

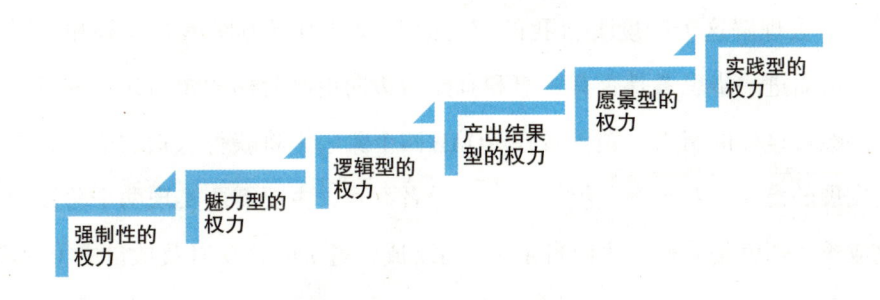

图 1-3 权力感的成长阶梯

- **第一个层级：强制性的权力。** 它是单边的、强力的权利，这样的权力来自自己的地位和身份。权力意味着要求别人屈服，让他人被迫接受（代表人物如特朗普）。

- **第二个层级：魅力型的权力。** 它靠自身魅力、隐藏的手段和外交式的手法来施加权力（代表人物如肯尼迪）。

- **第三个层级：逻辑型的权力。** 它使用逻辑和专业，通过系统分析，制度化和流程化来建立权力（代表人物如达利欧）。

- **第四个层级：产出结果型的权力。** 它通过有效制造出一种产品，提供一种服务而构建出权力（代表人物如雷军）。

- **第五个层级：愿景型的权力。** 它通过想象、艺术表达，为个人和组织构建一种未来的新图景而建立起权力（代表人物如埃隆·马斯克）。

- **第六个层级：实践型的权力。** 它能够在实践中通过协作、探询、指出、确认和协调不一致的领域从而不断调整愿景、策略、执行和结果四个象限的状态，从而达成在实践中不断转化的权力（代表人物如任正非）。

作为一位领导者，他可以根据上面的阶梯来认知自我权力表达所处的阶梯，并去理解这个维度上自我的权力感和领导力行为展示的优势和局限所在，从而进一步思考是否有意愿和有能力迈向更高阶梯的权力认知和行动。

经过这样的努力，领导者在 AQAL 四个象限中将获得认知的成长，焕发出发展的意愿。对于商业组织中的领导者而言，主要需要实现两个阶段的转化成长。那就是从社会化向自主（专家/成就者）的转变以及从自主（专家/成就者）向自变的转变（如表 1-2 所示）。

表 1-2　领导者的行为逻辑转化

第一层转变：（社会化到自主）	第二层转变：（自主到自变）
·从被动拥护顺从到主动探询（建立自我主见）	·从相信绝对正确到看到多重现实（建立多元的看法和思维模式）
·从把事情作对到获得成功结果（建立成功的逻辑）	·从对工作的框架思维到不断定义工作中的框架（建立创新和变革的工作习惯）
·从基于任务的产出到掌控系统的结果（建立积极主动的意识）	·从追求正确的答案到对工作和人生意义的追寻（建立对工作意义的深度理解）
·从做职能性的工作到确保业务的全面有效（建立成就者的身份感知）	·从掌握已有的知识到对于未知的领悟（建立对于未知的求索模式）
·从对于工作的模糊感到对于工作的全局清晰呈现（建立对于工作的凌驾意识）	·从对自己、团队和组织的严密控制到轻松放下（建立对于转化的凌驾意识）

第一层成长将实现从社会化到自主的转变，这个阶段的领导者将实现：

- 从被动拥护顺从到主动探询（建立自我主见）；
- 从把事情做对到获得成功结果（建立成功的逻辑）；
- 从基于任务的产出到掌控系统的结果（建立积极主动的意识）；
- 从做职能性的工作到确保业务的全面有效（建立成就者的身份感知）；
- 从对于工作的模糊感到对于工作的全局清晰呈现（建立对于工作的凌驾意识）。

第二层成长将实现从自主到自变的转变，这个阶段的领导者将实现：

- 从相信绝对正确到看到多重现实（建立多元的看法和思维模式）；
- 从对工作的框架思维到不断定义工作中的框架（建立创新和变革的工作习惯）；

- 从追求正确的答案到对工作和人生意义的追寻（建立对工作意义的深度理解）；
- 从掌握已有的知识到对于未知的领悟（建立对于未知的求索模式）；
- 从对自己、团队和组织的严密控制到轻松放下（建立对于转化的凌驾意识）。

第三步——清除（Cleaning Up）

当领导者开始建立觉醒意识，并焕发自我成长的意愿时，真正的成长并非一帆风顺，而是一个暗礁遍布的航程。领导者成长的阻力不仅来自外部环境，更多来自每个人的内心。这样的阻碍因素大致可以分为两类，一类是我们从童年开始，为了受到父母和他人认可并融入社会，逐渐形成的内在"阴影"。另外一类是我们在成长过程中由于知识和经验的积累而获得的自我认知壁垒和认知边界。这些认知壁垒和边界让个体构建了"自我"的概念，但大部分属于"小我"的范畴。

"阴影"是那些我们排斥的、厌恶的内在观念（黑暗阴影）或者我们仰慕且无法达成的状态（金色阴影）。而认知壁垒让我们构筑了安全感和确定性。通过不断巩固壁垒，我们得以感知到自我的存在。这两种障碍因素也可能互为表里、相互影响。

让我们先来理解一下"阴影"的概念。"阴影"（Shadow）这一概念是由心理学家卡尔·荣格提出的。在成长的过程中，个体会将那些自己不喜欢、社会难以接纳的意识推入潜意识，从而形成每个人都会有的自我拒绝和压抑的人格特质，这就是阴影自我。它不被我们接纳，但依然是自我组成的关键部分。

每个人，包括那些成功的领导者，都在经历各种各样的心理挑战。而"阴影"的影响就是造成我们心理挑战的重要来源。由于处于潜意识中，人们鲜有能力去察觉和认知自我的"阴影",更不要说清除那些"阴影"的影响了。当一个人开始承担领导者责任的时候,这样的负面影响不仅仅会更加强化地作用于领导者个人的身体和情绪,而且还会严重波及其他人。

受"阴影"影响严重的领导者在他们真正成为领导者后,往往表现出很多让他人无法接受的负面情绪和行为模式,比如,总喜欢严厉批判他人,把问题外化归咎于他人,喜怒无常,扮演"受害者",高度自恋,滥用权力,唯我独尊等。

只有当领导者意识到"阴影"的存在,意识到问题不在于他人而在于自己,意识到自己没有那么伟大,意识到自己的贪婪和懦弱时,才可能有勇气撤回自己的投影,纠正自我的破坏模式,建立起更加强大的自我理解、自我慈悲和同情心,从而成为一个更加完整的人、一个更好的领导者。

"阴影"也可能是我们认知壁垒的一部分,由于厌恶和排斥,我们不愿意成为的一部分。我们不愿意成为自私的人,不愿意工作没有成就,不愿意浪费时间……这些都是我们的"阴影"投射出来的认知壁垒。当然,认知的壁垒也存在于我们后天有意识习得的知识和经验而构建出来的安全地带。当我们获得专业上的成就,当我们的业务非常成功,当我们从特定的人际关系中获益时,我们就为自我构建了一个安全的能力城堡。大部分领导者轻易是不愿意突破和拆毁这些自我能力城堡的。因为这样会暴露自己的软弱和无能。因此,我们给自己构建了一个个重要的生活假设:"我需要有所成就,我需要得到他人的认可,我需要被认为是专家,我需要过有意义的生活。"如果达不到这些状态,我们就会感觉失败、彷徨、无意义和痛苦。

为了成长,为了克服停滞,清除阴影和认知壁垒是领导者的必修课。在这个维度,凯根创立的变革免疫分析(Immunity to Change,简称ITC)是一个不错的成长工具。变革免疫分析(ITC)分为五个关键步骤展开:

(1)明确组织和个人希望达成的重要目标;

(2)写出日常自己展现的与目标抵触的行为;

（3）写出如果不做这些抵触的行为，我们的担心；

　　　写出担心背后的承诺；

（4）写出承诺背后的关键假设；

（5）尝试颠覆自己的关键假设并展开实验设计。

在 ITC 分析中，我们可以通过深度的自我挖掘，看到自我行为背后的关键假设。这些假设是我们的认知壁垒，也可以是我们的内在阴影。因此，ITC 分析得以让我们挖掘自己的潜意识层面，看到我们平时无法看到的关键信念和价值取向。从而为清除内在障碍，展现更好的自我做好准备。

第四步——展现（Showing Up）

在发展领导者的项目中，我们往往会通过设定个人发展计划（IDP）来让参与的领导者将自我的行为展现出来。经过数十年的研究，业界对于领导者的优秀行为已经有清晰的界定，但当这些优秀的行为呈现给领导者时，他们并不能完全领悟并展现。

我们需要理解的是，人的行为产生是一个高度复杂的过程。我们每天的行动大都是机械性的重复，大部分领导者并没有机会也没有能力来审视自我行为产生的原因，也很少考虑这些行为的长短期影响和有效性。而改变行为、展现更加优秀的领导力行为绝非一蹴而就之事。往往当我们设定了高期待的发展目标，可迎来的却是挫折和止步不前。因此，很多领导者的领导力提升往往依赖他们自己的逐渐觉悟以及大的挑战和挫折带来的冲击。

那么，我们能不能在相对安全的情况下实现领导者行为的提升和展现哪？在本书阐述的"觉醒—成长—清除—展现"的逻辑下，我希望提供一种安全且低成本的领导者心智转化模式。而这样的模式和市场上通行的领导力发展模式可能形成了鲜明的反差，因为它带来了完全不同的方法和路径。

总结起来，我提倡通过心理实验而不是直接行动来锻炼领导者；我提倡通过创新行为模式而不是强化重复现有行为模式来转化领导力表达；我提倡真正的领导力发展一定是集体行动，而不是个人的独角戏。

1. 是心理实验而不是直接行动

我想强调的是，"觉醒—成长—清除—展现"中大部分的动作都是在领导者的思考中完成的。很多是思考的游戏，而不是现实的领导者行动。在没有完全思考周全且理清逻辑的基础上贸然行动往往带给领导者一种阻力和受挫感，并不利于领导力的发展。

例如，在ITC的分析过程中，领导者能够挖掘自我的内在关键假设并设定颠覆性的信念和假设，再通过安全、小规模甚至是隐藏的方式来展开自我实验，来逐渐验证这些颠覆性的观念是否成立，是否对自我、团队和业务有利，是否有可能在未来的工作中得以利用。

这些实验有时甚至是心理感受，不需向他人展示，但会转化为我们的思维模式。在一个ITC辅导中，我和一位被辅导的高管通过ITC分析发现了他需要聚焦的角度不是更加专业，而是能够不借助专业能力来形成领导力。这对于任何一位领导者而言都是一种重大的改变。任正非在创业之初就意识到自己并不是程控交换机专家，这锻炼了他不依赖自己的专业判断，而是通过整合专家意见，共同探寻来达成业务的领导力。

可以预见，我辅导的高管，他的观念转化并不需要他在老板和下属面前承认自己不懂相关专业，而是通过表达谦逊、探询、授权等新的行为模式来实现。当设计这样的心理实验时，我们并不需要告知他人我们的内心想法，但心理假设改变了，新的行为模式才有可能得到现实应用中的支撑。

2. 是创新行为模式而不是强化重复现有技能

不同的心智状态导致完全不同的领导者行为。因此，一位具备自主—专家思维的领导者和一位具备自变思维的领导者展现的行为会有根本的不同。（对比达利欧和任正非，你可以感知到他们截然不同的领导风格和行为模式）。这也意味着更高的心智会带来崭新的一套行为模式，而这些行为模式对于领导者本身而言具有创新性。

例如，对于那些关注时间管理，通过时间制造紧迫感，严格要求自己和他人按照时间约定做事的领导者而言，掌握正念的理念，既兼顾时间要求，又具备灵活性和同情心的行为模式显然是一种陌生且创新的行为状态。只有理解到自我在时间管理上存在局限性，并愿意创新的领导者，才可能掌握一种全新的领导者行为模式，从而更好地管理时间带来的压力感和胁迫感，创造出更加放松、聚焦、长期主义的工作模式。这也能够解释为什么很多优秀的领导者更加轻松并更具效能。推特的前 CEO 杰克·多尔西曾经同时管理推特和 Square 两家公司，他长期练习冥想，走步上班，间歇性禁食，这些都可以看出他行为的独特性和创新性。成长中的领导者需要的不是重复现有的行为模式，而是要探索创新的、能带来更高能量的领导者行为模式。

3. 是集体行动而不是个人独角戏

领导力需要在特定的集体中得到锻炼。因此，真正的领导力发展不应该是一个人的独角戏，而应该放在领导者领导的团队中实施来获得锻炼和验证。当领导者展开真正的行动时，大部分的行动都需要在领导者的团队中集体展开，亲身示范和践行，来带动团队和组织中的每个人。这样的模式才是真正的领导力练习场。很多领导力培养往往让不同团队的领导者聚合在一起，却和他们自己带领的团队割裂开来，这也能够解释为什么领导者学习到的行为没有真正得到转化，因为他们和自己领导的团队从一开始就被割裂开来了。因此，无论是发展领导者的组织还是领导者本身，都需要创造在现实工作中锻炼领导力的机会和环境。这对于领导力最终和组织能力结合也是至关重要的。

我希望基于觉醒—成长—清除—展现四个步骤，带给领导者一次深度的、自我发现的学习之旅。这样的领导力学习之旅结合纵向的发展视角，揭示了领导者发展过程中的不同维度的成长阶梯，也让领导者意识到那些阻碍成长的内在阴影和壁垒，从而提供一种系统的、全新的领导力发展方式。

在这样的步骤中不断锻炼的领导者，将有可能成长为那种身心高度整合，追求真善美的领导者。用 AQAL 四个象限，我们能够看到一个全面的高度整合的领导者画像。这样的领导者兼顾个人、集体、自我行动和外部环境四个象限，肯·威尔伯在他的《生活就像练习》一书中也给出了详细的四象限的领导者描述（如图 1-4 所示）。这样的领导者将具备谦虚、健康、进步、自由、正直、灵性、公平、胜利、责任、冒险、奉献、同情、放松、安全、开放、创新、勇气、变革、远见等一系列优秀的价值观和领导者行为表达，我相信每个志存高远的领导者都希望向这样的方向前进！

我	内在	外在	它
个体	接受复杂性 灵活地思考和随时调整 学习和成长的强烈愿望 乐意接受变化 不渴求地位，不炫耀权势 长期愿景 识别复杂模式和内在联系 正直感、自我责任感和职责感 重视多元智力 ……	有效率的行为 行事自然而得体 能适应生活条件 决策具备平衡性 遵守承诺 务实——做有用的事情 获取成功所需的信息 迅速学习必要的技能 利用最佳机会 发挥优势，弥补弱点 ……	个体
集体	具备高度信任感和安全的文化 战略性合作 清晰的交流渠道 训练有素的教练和指导 乐意提问 能同众多支持者建立关系 根据听众调整交流方式和内容 学习型组织 领导者能帮助其他人发展 ……	重视过程的效率 灵活的小工作团队 系统适应能力强 合格的技术 可持续的资源消耗 识别多种社会环境（法律、政治、生态、经济等） 三重底线（利润、人、地球）的成功定义 ……	集体
我们	内在	外在	它们

图 1-4 高度整合的领导者

第 2 章

横向和纵向兼容的领导力发展之道

领导力和学习是密不可分的。

——J.F. 肯尼迪

人若想成长,只能自己觉醒,寻求改变。

——卡尔·荣格

横向和纵向领导力发展的理论基础

横向领导力发展和纵向领导力发展是最近几年才在中国开始受到关注的课题。什么是横向的领导力发展？什么是纵向的领导力发展？它们有什么区别或者有什么相同之处？如何结合二者的优势来培养面向未来的领导者？

横向和纵向领导力发展

国际上的相关理论认为横向和纵向的领导力发展涵盖了两个不同的范畴：

横向的领导力发展更多关注的是能力和技能娴熟度的不断提升和强化。在这个维度典型的关注点是能力（Competence）。不同的岗位都需要特定的能力，如协作的能力、影响的能力、销售的能力等，这些特定的能力需要人们逐渐去构建、锻炼、强化，以达到更好的娴熟和应用。

纵向的领导力发展强调的是 Capacity，即"容量"的概念。"Capacity"也有能力的概念，但相对于 Competence 而言，Capacity 更关注于边界和可包含的状态。因此我认为可以将其翻译为"容纳力"（如图 2-1 所示）。

因此，横向和纵向的领导力发展是两个截然不同的议题。我们可以用杯子来比喻说明：横向领导力发展是让杯子中注入水，看重的是这个杯子有多少水；而纵向的领导力发展是让杯子的容积变得更大，看重的是这个杯子变大后是否可以承载更多的水。比如，当一位管理者从一个部门的负责人转为负责整个业务的总经理时，他所需要的领导力并不是过去技能的简单叠加，

纵向领导力发展
心智观念转化，
价值观再造

CAPACITY　　COMPETENCE

横向领导力发展
能力技能的娴熟
度提升和强化

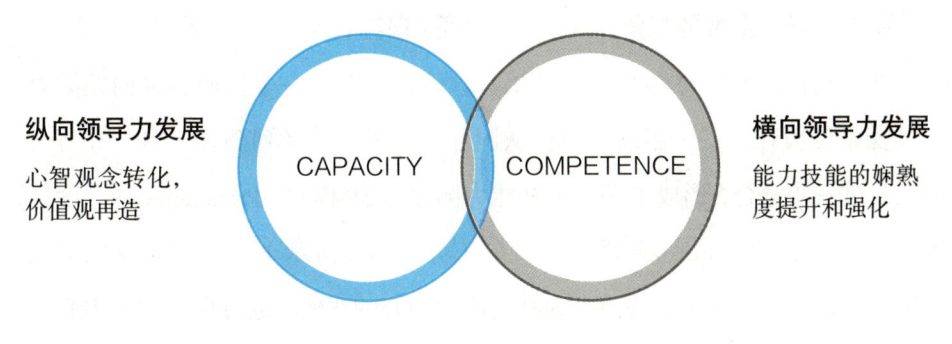

图 2-1　横向和纵向的领导力发展

而是完全不一样的新的技能。对于一位中层管理者，我们强调的往往是计划组织、时间管理、达成目标等能力；而对于一位高层的管理者，则更多强调的是有远见、能创新、能变革、能构建组织的能力。然而，人们往往会因为过去形成的一些观念、经验和习惯而很难演进到下一个更高的工作维度。有的时候，恰恰是我们过去认为对的观念（"绝对真理"），形成了我们向更高的一个层级迈进的阻力——这意味着只有把现在这个杯子形成的壁垒打破，我们才有可能重新构建一个更大容量的杯子，才能够承载新的领导力和能力。

由此我们也可以看到，横向的领导力发展和纵向的领导力发展实际上一方面是相互关联的，但另一方面又是泾渭分明的，甚至是矛盾的。

横向领导力发展的理论基础

横向的领导力发展更多的是围绕特定的领导力（能力）展开的。谈到能力，哈佛大学的教授麦克雷兰可以说是能力定义的鼻祖。他在 20 世纪 70 年代提出能力概念。能力的概念一般会追溯到一个人的个性特质、知识、经验、技能，最终形成个体的优秀行为模式。当这些优秀的行为聚合在一起，就会形成不同的能力概念和不同的能力族群。

横向领导力发展的视角——娴熟度/潜质/现实表现

我公司产品和服务体系发展的历程,恰恰体现了一个横向和纵向领导力发展探索的历程。二十年前,我们从国际上引入了一系列测评工具,并将这些工具进一步整合,形成了领导力和能力测评的 3P 模式(Proficiency 娴熟度、Potential 潜质、Performance 现实表现)(如图 2-2 所示)。其中,我们引入了国际上最大的评价中心库,有 300 套评价中心的案例。通过评价发展中心,我们能够评估领导力(能力)的娴熟度(Proficiency)。我们还引入了 Assess 性格测评,它是将性格和能力做关联研究的性格测评。通过 Assess 测评,我们能够评估领导力(能力)的潜质(Potential)。通过 360°评估,我们能够评估能力的现实表现(Performance)。

图 2-2 领导力(能力)3P 模型

所谓横向领导力发展,是因为横向领导力发展看的是"横切面"状态。就比如给一个人拍一张 CT,这张 CT 能数据化地呈现出人体器官的健康状态。同样的道理,通过 3P 的评估方式,我们也可以将领导者在特定时点的领导力行为数据化地呈现出来。结合其他发展的模式,如反馈、培训、教练,横向的领导力发展可以让领导者在特定的领导力上表达出更好的娴熟度。

纵向领导力发展的理论基础

随着时间的推移，一个人的能力、技能、知识、经验乃至性格、动机、价值观都有可能变化。如果我们需要探索个体成长的变化规律，从而让每个人乃至组织更加有意识地构建自我的成长路径，这就需要纵向的领导力发展。

如果说麦克雷兰奠定了横向领导力发展的理论基石，那么凯根和托伯特的理论就奠定了纵向领导力发展的理论基石。这里我们也可以简单介绍一下这两位学者的理论。

1. 纵向领导力发展视角一：意识成长阶梯理论（凯根）

凯根用"意识"（Consciousness）来描述人的底层观念改变的内在逻辑。他把一个人的内在意识发展分成五个阶段：冲动型、工具型、社会化型、自主型和自变型（如图2-3所示）。这五个阶段可以追溯到马斯洛的需求层次理论，两者的描述从内在来说是一样的。肯·威尔伯发现不同的学者从不同的维度描述了个体发展（Ego Development）的阶梯性规律，实际上都是一致的。可见，人的发展的阶梯性规律实际上是普适的（Universal），是我们身处宇宙中必然的一个历程，是一个客观的规律。当然在心智发展之上还有灵魂和灵性的发展维度，但大部分人一生的行动主要集中在冲动型、工具型、社会化型、自主型和自变型这五个意识阶段中。

2. 纵向领导力发展的视角二：行为逻辑（托伯特）

另一个关于纵向领导力发展的重要理论是波士顿学院的教授托伯特提出的行为逻辑理论。他的核心观点是领导者的底层行为逻辑是不一样的。托伯特将其定义为七种类型，分别是机会主义者、外交官、专家、成就者、再定义、转化和炼金术士（如图2-4所示）。

图 2-3 凯根的意识成长阶段

图 2-4 托伯特的领导者行为逻辑

我们会发现托伯特的理论和凯根的理论也是一致的。机会主义者对应的是冲动工具的意识；外交官对应的是社会化的意识；专家和成就者对应的是自主意识；再定义和转化对应的是自变意识；炼金术士对应的是超越自变的意识。

凯根的理论描述了人从出生到成熟的各个阶段的意识成长内在规律；而托伯特描述的是作为成年人的管理者的底层逻辑。譬如：有的人想赢，想赚钱，想抓住机会，是非常机会主义的；有的人非常在意和别人的关系，互动的时候非常注重社会规范；有的人因为形成了某个方面的专长，成为特定领域的专家，专业的技艺逻辑主导了他们工作的方方面面；有的人发展成为成就者，会以如何取得更大的成就来主导自己工作的思路；有的人从现实工作中跳跃出来，希望重新定义自己，就是再定义；到了转化阶段的领导者会更善于应用组织和文化，推动变革和创新。他们摆脱了亲力亲为的工作模式，而是更多学习利用抽象的理念和形式来实现组织的转化；而炼金术士是超自变的阶段，他们会更多地用精神的力量来转化更广大人群的思想和行动。

因此，从纵向领导力发展的角度来看，领导者的成长并不仅限于特定能力的娴熟程度。乔布斯的创新能力、塑造产品的能力非常强大，但这只是从一个时间阶段来看。从他的个人成长来看，他并不是一开始就是这样。比如，从《乔布斯传》我们看到他年轻的时候如何探索世界，早期创业时如何以超高精力来带动产品创新，后来回归到苹果又是如何再定义苹果的……他在生命历程中每个阶段的表达都是不一样的。

这就带给我们每个人一个基本的命题：纵览一个人更长时间跨度上的变化，这样的变化是有规律的，它呈阶梯状螺旋上升，领导者应该去理解并因循这样的规律。如果领导者认识这样的规律，他就会自问："为什么我的职业生涯无法迈上更高的阶梯？我的内在阻力在哪里？我要如何打破这样的内在阻力？"这样的自我探索会让领导者实现纵向的发展，达成更加优秀、更加整合的状态。

3. 纵向领导力发展阶段：领导者心智成长的光谱阶段

我整合了凯根与托伯特的理论，提出凯根的自主意识中蕴含了托伯特的两个维度：专家与成就者（如表2-1所示）。尽管凯根并未明确区分这两者，甚至有人将专家归类于社会化阶段，但我认为专家的行为逻辑已具备一定程度的"自主"意识。此分类也具有现实意义，因为现今的领导者，其心智大多分布于社会化、专家及成就者这三个阶段。不同心智阶段的领导者受不同的内在逻辑驱动：冲动/工具型领导者以个人需求和冲动为主导；社会化型领导者以社会规范为准则；自主—专家型领导者则遵循自我专业的逻辑；自主—成就者型领导者注重系统的有效性；而自变型领导者则以持续的觉察与修正为指引。

表2-1 领导者心智成长光谱

红色	琥珀色	橙色	绿色	青色
冲动型/工具型	社会化型	自主—专家型	自主—成就者型	自变型
冲动和需求支配行动	社会规范支配个人需求	技艺逻辑支配社会规范	系统有效性支配技艺逻辑	觉察和修正支配有效性

4. 领导者心智发展的纵向价值规律

领导者心智成长遵循着纵向的价值演变规律，各阶段领导者的价值观呈现着显著的差异（如图2-5所示）。

- 冲动/工具型的领导者高度重视生存需求，往往采取自我保护策略来指导其行为。
- 社会化阶段的领导者强调忠诚、服从和归属感，重视团队和谐与从属关系。
- 自主—专家型的领导者则专注于技能的精进和卓越，追求在特定领域内的完美表现与技艺的炉火纯青。
- 自主—成就者型领导者的价值观聚焦于综合效能、业绩表现、利润增长以及系统整体的平衡与高效运行。
- 自变的早期（再定义）的领导者勇于跳出既有框架，积极审视并更新个人的观念与认知。
- 自变成熟期（转化）的领导者更倾向于构建符合实际的工作原则，以发展的眼光整合组织与外部环境，实现持续进步。
- 自变超越期（炼金术士）的领导者将世界视为一场游戏，乐于与世界互动、影响、创造与拓展，展现出一种高度积极、玩乐式的领导模式。

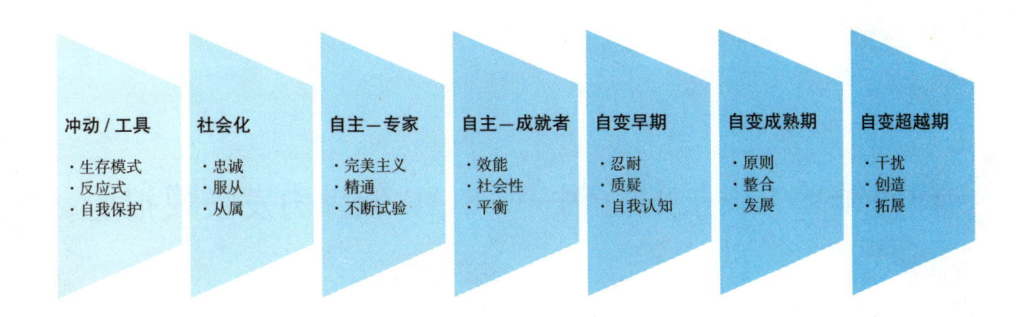

冲动/工具	社会化	自主—专家	自主—成就者	自变早期	自变成熟期	自变超越期
·生存模式 ·反应式 ·自我保护	·忠诚 ·服从 ·从属	·完美主义 ·精通 ·不断试验	·效能 ·社会性 ·平衡	·忍耐 ·质疑 ·自我认知	·原则 ·整合 ·发展	·干扰 ·创造 ·拓展

图 2-5　领导者纵向发展的价值观演变

由此可见，各阶段领导者的价值观念存在显著差异，唯有达到相应的心智发展水平，方能充分展现该层面的价值潜力。

横向领导力发展的范例——SIAC 领导力发展模拟舱

横向领导力发展是当前业界培养领导者的主要模式，其核心在于强化学习者的知识、经验、技能，以及个体的能力表达。具体而言，横向的领导力发展最本质的关注点就是"行为"。例如，当确立人才标准时，我们会构建能力模型或领导力模型，而这些模型实际上就是一系列优秀行为的汇总。

2009 年，我们基于领导力测评的 3P 模型，成功研发了"SIAC 领导力发展模拟舱"。这一模式正是横向领导力发展的一个典范。它就像培养飞行员的飞行模拟舱一样，飞行员模拟舱可以让飞行员在预演中持续锻炼飞行技能的娴熟度，"SIAC 领导力发展模拟舱"让领导者进入模拟的领导力挑战场景，系统地理解、认知自我的领导力行为，同时结合性格测评和 360 度评估数据，全面系统地构建领导力认知体系。

这样的横向领导力发展最终将领导力具化为一系列明确的行为标准，通过评价中心的模式，领导者可以在模拟环境中深入学习和认知自己的领导力行为。横向领导力发展的目标就是让我们的领导力行为更加娴熟、更加强大。比如我们希望帮助领导者将战略思考的能力从 3 分的水平提升到 4 分甚至 5 分，从而让他们在未来的工作中展现出更为出色的战略思考能力。

从横向的观点来看，领导力可以被视为优秀领导者行为的集合，而性格也是个体固定化的行为模式体现，360 度评估则反映了众人对个体行为的综合评价。在横向的领导力发展中，"行为"始终是我们关注的核心关键词。

纵向领导力发展的范例——自变领导力发展训练营

在 2019 年，我基于凯根和托伯特的理论开发了"自变领导力发展训练营"。尽管如今许多人已对凯根和托伯特的理论有所了解，但单纯的理论认知并不足以促使我们在复杂多变的工作挑战和细微行为中，实现心智层面的显著提升。

因此，我开发的"自变领导力发展训练营"为组织中的领导者和职业人士提供了一套完整的心智提升框架和方法论。该课程围绕四个步骤展开：觉醒（Waking Up）、成长（Growing Up）、清除（Cleaning Up）和展现（Showing Up）（如图 2-6 所示）。

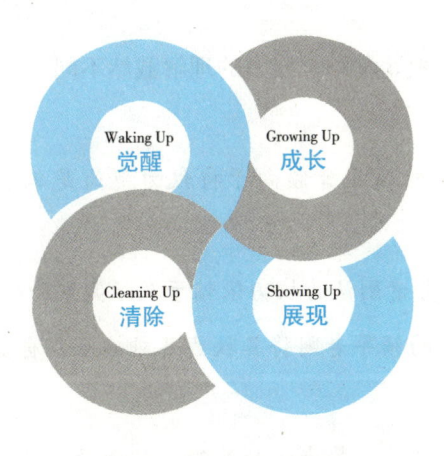

图 2-6　自变领导力发展训练营的四个步骤

"觉醒"环节旨在引导每一位领导者系统地理解成人心智发展的内在规

律，明确自身心智所处的重心阶段，并察觉自我心智所塑造的核心价值观念。通过这一过程，领导者能够客观地评估自身心智模式及价值观的有效性和局限性。

在"成长"环节，我设计了20个领导者经常面对的挑战，并围绕这些维度，结合心智发展的不同阶段，构建了一套详尽的阶梯式心智发展路径图。

以领导者的"权力感知"为例，我们可以围绕心智发展不同阶段绘制出权力感知的阶梯图（如图2-7所示）。

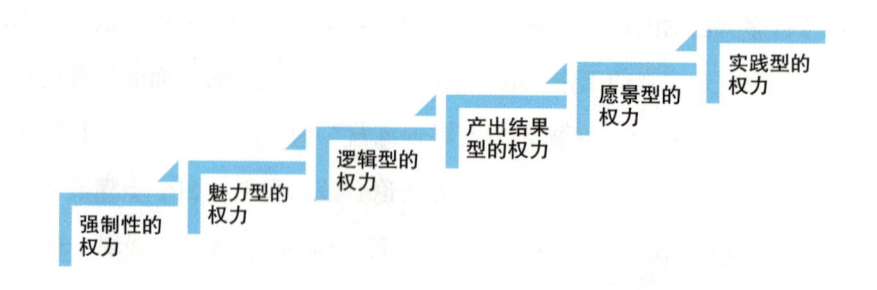

图 2-7　领导者的权力感

不同心智阶段的领导者对于权力的理解截然不同：

- 冲动/工具型的领导者倾向于将权力视为是单边的，强制性的力量；
- 社会化型的领导者则认为权力依赖于人际关系和个人魅力来构建；
- 自主—专家型的领导者则将其权力基础建立在自身的专业能力和逻辑之上；
- 自主—成就者型的领导者依赖业绩和综合的业务产出和结果赢得权力和影响力；
- 自变型的领导者则通过构建愿景来产生权力，甚至能够通过探询的方式放下权力感,从而获得更大的影响力。

因此,在"成长"环节,我们引导领导者认知自己当前心智阶段对于特定的领导力议题的体现,并分析其有效性和局限性。同时,我们也帮助领导者明确自己希望达成的更高心智的阶段,并理解在该阶段在这个议题中的可能表达是什么,从而具化自己成长的方向。如一位处于"成就者"心智阶段的领导者就能够清晰地看到自己可以在"权力感"方面成长为"愿景型"的领导者,甚至可以考虑放下自己的权力感,从而树立明确的成长目标。

至关重要的是接下来的"清除"环节。我运用阴影工作和变革免疫分析(ITC)工具,来帮助领导者看到自己的底层观念。一旦这些底层观念被揭示,领导者就能挑战自己以往接受或者拒绝的一系列观念,为新的可能性开辟道路。

最后,在"展现"环节,领导者可以尝试颠覆自己发现的底层观念,通过相应的实验来验证新观念的有效性和可行性,并尝试应用于现实工作中。从颠覆后的新观念中,我们可以提炼出新的工作原则,这些新的工作原则将引领领导者以全新的观念和行动方式展开自我实践。

在一次"自变领导力发展训练营"课程中,有位学员利用变革免疫分析挖掘出自己的内在关键假设。这个关键假设是"假如主管不信任我,我的工作就无法开展"。通过颠覆这一关键假设,一个新的观念应运而生:"即使主管不信任我,我的工作也能很好地开展。"这个新的观念里面蕴含着一个更高心智的工作原则,那就是"不依赖他人,主动展开工作,不受关系的影响。"在组织里面,如果我们能够倡导这样的工作原则,就能促发管理者的思维从"社会化"跳转到更加"自主"的维度,这将更有利于管理者在组织中有效展开工作。

可以看到,领导者作为学员在"自变领导力发展训练营"中能够触及很多个人平时看不到的潜意识层面的观念。这些观念主导着我们日常的行动,是我们行为背后的根本原因。如果不能够摆脱这些底层观念的束缚，并实现观念的更新和升级，我们的行为是很难改变的。由此可见，纵向领导力发展的关注点就是"观念"本身。

而"观念"大多隐藏在我们的潜意识中，它们塑造了我们每个人的价值观和行为模式，但又难以被直接察觉，更不要说改变了。在组织中，这些个体观念汇聚成组织的文化表达。但很多时候，这些观念和组织中明文倡导的价值观并不一致。这也正是文化难以落地的核心原因之一。因此，在"自变领导力发展训练营"之后，我们也推出了"组织工作原则和创新的实践活动共创工作坊"，就是希望让领导者通过心智进化，最终推动组织文化的真正落地和构建。

横向和纵向领导力发展的差异

如果总结一下横向和纵向领导力发展的区别，那就是横向的领导力发展更关注"行为"，而纵向的领导力发展更关注"观念"。

因此，当我们谈及横向的领导力发展，我们会讨论知识、技能、性格、行为、领导力表达等。而当我们谈及纵向领导力发展的时候，我们谈及的是价值观、工作原则、情绪、阴影和文化。

从发展目标来看，横向的领导力发展的目标是提升领导者的技能娴熟度，并通过娴熟度的提升促进业绩的达成；而纵向的领导力发展的目标则是领导者个人身心的整合以及打造健康的组织文化。

从发展手段来看，横向的领导力发展通常采用我们都非常熟悉的培训、人才评估、行动学习等手段并强调在实践中不断锻炼；而纵向的领导力发展则涉及深度的辅导、教练和心智反思，也会应用更多的心理学工具，如ITC、阴影工作等手段（如表2-2所示）。

表2-2 横向和纵向领导力发展的差异

领导力发展	横向	纵向
关注维度不一样	行为	观念
表现模式不一样	领导力/能力/行为/性格/知识经验/技能	价值观/工作原则/文化/情绪/阴影/真理
目标不一样	娴熟度提升，达成目标	整合、身心整合、组织和文化
发展手段不一样	培训、评估、反复强化实践	辅导、反思、阴影工作、ITC、目标和意义的确认和再确认

纵向的领导力发展作为一个新兴的视角，有效解决了过往横向领导力发展中我们面临的诸多挑战。但当领导者到达一定的心智层次时，他们还需要在这个层面不断磨炼领导力的娴熟度。因此，横向和纵向的领导力发展肯定是相辅相成的，缺少任何一个维度都可能导致领导者的发展遇到局限和障碍。未来的领导力发展应该更加着重于横向和纵向兼容并举的发展之道。

第 3 章

从任正非看领导者的心智成长

简而言之，有些公司有征服者心态，而我们的公司有探索者心态。

——贝佐斯

检验一流智力的标准是头脑能同时容纳两种截然相反的观点却能并行不悖。

——维尔切克

我们向优秀的领导者学习什么

每个时代，都会涌现出一批杰出的商业领导者。从杰克·韦尔奇到乔布斯，从松下幸之助到稻盛和夫，从张瑞敏到任正非，这些商业领袖都是杰出的领导者。他们富有远见，创办伟大的企业，带来商业思维的突破，改变了人类的生活。

商业领导者有高光时刻，也会经历挫折和失败。随着时代的变迁，一些领导者逐渐淡出公众的视野，有的甚至毁誉参半。有这样一种现象：当某位商业领导者获得广泛认可时，大家往往会将其视为学习的楷模。21世纪初，杰克·韦尔奇和乔布斯成为中国企业家争相学习的对象；而如今，中国正兴起一股学习华为的热潮。这就带来了一个问题，我们到底应该向那些成功的商业领导者学习什么？

通过"心智—价值观—行为—结果"这一模型（如图3-1所示），我们可以深入理解领导力的本质。领导者的底层心智决定了领导者的价值观，进而塑造了他们的工作原则；这些工作原则又指导着领导者的行为方式，而有效的行为模式最终带来卓越的业绩结果。

我们向杰出的领导者学习，都会去学习优秀领导者的商业模式和业务呈现，我们也学习杰出领导者的行为展现。在《自变》一书中，我界定了九项自变领导力，任正非的定力、马斯克构建愿景的能力、乔布斯的系统创新能力都值得我们深入学习。再深入探究可以发现，领导者的价值观和原则也是我们可以去体会学习的领域。在这个维度上，桥水的创始人达利欧是非常杰

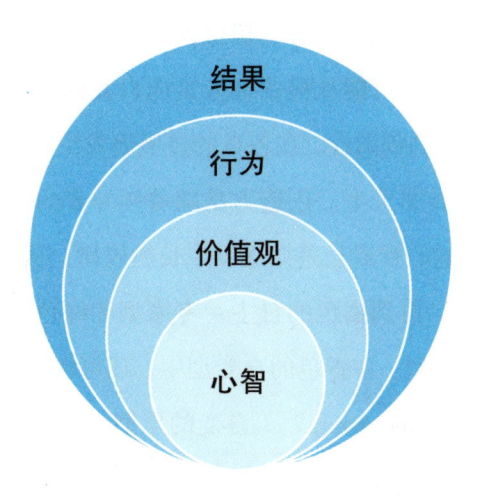

图 3-1　心智-价值观-行为-结果模型

出的代表,他撰写的《原则》一书汇集了他工作中感悟到的各种原则,很多原则适用于商业领导者和不同的组织。如果一个领导者能够像达利欧一样,不断总结写作并交流自己在工作中的价值观和工作原则,那么必然会最终形成对组织的文化影响,对于有效管理和运营也将大有裨益。

当然,领导者的业绩、行为和价值观念都与其底层心智密切关联。所以,我们最应该向那些杰出的领导者学习的恰恰应该是他们的心智模式(底层逻辑)。很多杰出的领导者都体现出高度自变的心智状态,只是这样的心智需要分析才可能被理解。

有人开玩笑地说,如果企业家向任正非学习,应该首先学习任正非那样将自我的股权比例降为 1%。这背后触及的就是企业家的底层心智:为什么任正非能放弃大部分股权?为什么任正非能够推动华为焕发出如此巨大的能量?他提倡的"灰度管理""熵增""一杯咖啡汲取世界能量"等概念的底层思维到底是什么?

没有人可以复制其他人的成功,如果只是简单地学习复制别人成功的方法,结果往往是失败的。每位领导者都是独一无二,与众不同的,他们的成功恰恰来自自我独到的创造，没有创造就没有领导力。只有当我们的心智从自主转向自变时，我们才可能从模仿他人走向自我创造。纵观所有成功的领导者，无不展现出独特的创造性，在各自的领域焕发出与众不同的成功状态。

领导者的创造力并非天生。创造力是随着领导者的心智达到自变层级焕发出的本质特征。人的心智成长遵循逐级成长的规律，从红色的冲动/工具型到琥珀色的社会化型，再到橘色的自主—专家型和绿色的自主—成就者型，最后发展到青色的自变型。在青色的自变型中，还可以按照托伯特（Torbert）的理论细分为再定义（Redefining）（自变的早期）、转化（Transforming）（自变成熟期）和炼金术士（Alchemist）（自变超越期）。很多成年人的心智发展到某个阶段会受到各种因素的制约而停止成长，因此达成自变的人在当今社会还是少数。这些因素包括家庭、教育、就业、专业学习、机会、社会舆论、个人生活的挑战程度以及对于人生、世界和宇宙的好奇心等。

心智研究的学者凯莉（Kelly）曾深入研究了巴菲特的心智成长轨迹，作为世界上最富有的人，巴菲特的个人心智成长也同样遵循了逐级而上的心智发展规律。下面是从托伯特（Torbert）2020年发表的论文《沃伦·巴菲特和你自己的七个领导力转化阶段》（*Warren Buffett's and Your Own Seven Transformations of Leadership*）中关于巴菲特的心智成长过程的描述，摘录如下：

沃伦·巴菲特作为领导者的心智发展范例

案例

如果从一个人的一生来查看心智发展转换的逻辑，我们会更加清晰明了。在爱丽丝·施罗德的《雪球》中，我们得以了解更多关于巴菲特的成长细节。大多数传记作家记录的巴菲特往往强调他具有的天赋般的知识分子的卓越能力和他的显赫经历（他的父亲是四届国会议员，沃伦在沃顿商学院和哥伦比亚大学读书，他在商业上取得无与伦比的成功）。他不仅仅成为这个地球上最富有的人，而且他也已成为一个受人尊敬的商业大师，奥马哈的先知。关于巴菲特的故事也倾向于强调巴菲特的稳定性，他的整个生活，一直留在投资领域，住在同一个朴素的家，甚至日复一日地吃同样的美国垃圾食物。

相比之下，使用施罗德的传记作为原材料，可以比较充分地呈现出巴菲特随着时代不断演变的行为和心智逻辑。

1. 机会主义者（冲动/工具型）

巴菲特的第一个商业企业是从他的早期青少年时代开始的，这反映了他的机会主义者的行为逻辑。他喜欢机会主义式的商业冒险，经常谈论别人做的事情，而不是做自己。这段时间他在学校表现不佳，喜欢逃离家庭，并曾经反复从西尔斯百货公司设备中偷高尔夫球。

2. 外交官（社会化型）

巴菲特在大学的生活状态大致对应其外交官（社会化思维）的行为逻辑。他自己也承认，他当时会面临社交恐惧，也经历不成熟的情感。这些至少部分可以归因于他母亲早先的虐待，导致了沃伦·巴菲特和自己周围的朋友存在明显的情感堡垒。在十几岁的时候，他尝试使用奇怪幽默寻求友谊，并通过炫耀来掩饰他的脆弱。他也尝试适应别人、赢得朋友和如何影响他人，因此他参加了戴尔·卡内基的信心构建课程。当他遇到他的第一个妻子苏茜时，他说他紧张得要死。

3. 专家（自主—专家型）

巴菲特的专家行为逻辑时期开始于他师从本杰明·格雷厄姆，并采用价值投资方法作为他的投资"圣经"。那时他在哥伦比亚大学学习，随后他继续和导师格雷厄姆一起工作，并开始自己的投资业务。他专注于那些"雪茄屁股"般公司的短期投资（专家思维也许是巴菲特占主导地位的终生行为逻辑，他的逻辑/数学思维和理性气质，让他的专家特质显而易见）。

4. 成就者（自主—成就者）

他被查理·芒格说服，开始投资那些"好且持久的公司"而不是"雪茄屁股"公司。这开创了一个协作式的业务模式，他创造了惊人的投资成功纪录，产生了24%的年回报率。他的妻子苏茜把这段时间描述为他的"神圣使命"时期。巴菲特持续关注健康的公司、他与芒格的友谊、他巨大的财务成功都对应于成就者的行为逻辑。

5. 再定义（自变的早期）

再定义的行为逻辑对应于巴菲特四十多岁的时期。他的妻子苏茜鼓励他探索新的生活，他制定了他的新战略，允许自己投入更多时间用于与非投资相关的活动。苏茜鼓励他参与整合奥马哈的乡村俱乐部，成为大学的受托人，并服务于其他领域。

6. 转化（自变的成熟期）

这段时间，巴菲特开始忙于整合他业务中的各种关系和利益，包括邀请他最亲密的业务同事和朋友——查理·芒格，正式加入伯克希尔。巴菲特参与了更加广泛的投资和在伯克希尔的业务。在此期间，他以董事会成员的身份临时介入处理所罗门兄弟银行的危机。他的领导风格发生了巨大的变化。在经营所罗门期间他表现出高度的协作模式，不仅参与所罗门的管理，而且还与政府机构交流。他举行了一个超长的记者招待会，并担任临时董事会主席。他回答记者的提问非常坦诚，这让资本市场开始恢复对于所罗门公司的信任。

7. 炼金术士（自变的超越期）

最后是他的炼金术士的行为逻辑期。2004年开始，他逐渐捐赠了他在伯克希尔的财富。他还与他的孩子（现在都已经中年）有了比以往更多的交往。他宣布伯克希尔的继承计划（显示他愿意接受自己的死亡）。他采取了越来越开放的参与模式，融入更广泛的商业界和社会中，显示出一个商业政治家的风度。

心智整合 MIND INTEGRATION AT WORK

任正非的心智发展范例

同样的，我们也可以用心智的发展规律来审视任正非的成长历程。我阅读了多本任正非的传记和关于华为的书籍，可以看出任正非的心智发展也高度和心智发展的内在规律吻合。任正非在一次讲话中，将自己的发展描述为从"专家"到"组织者"再到"甩手掌柜"，随后变身为"文化教员"，后来又鼓励在华为内部建立"轮值主席"，并最终通过"众人和制度"达成了华为现有的高峰业绩。这符合心智发展的内在规律：从自主—专家（任正非口中的"专家"）到自主—成就者（任正非口中的"组织者"），从自变早期（任正非口中的"甩手掌柜"）到自变成熟期（任正非口中的"文化教员"和"轮值主席"），最后发展出自变的超越状态（任正非口中的"众人和制度"）。

下面是我结合任正非的传记记载以及他的个人表述梳理出的任正非个人成长中各个阶段的心智发展总结：

冲动工具阶段（机会主义者）

任正非的青少年时期和那个时代很多中国人一样，为了满足基本的温饱而生活，并寻找各种机会获得生存的条件。"青少年时期的任正非并没有鸿鹄之志，高中三年的理想就是能吃一个白面馒头。为生存所迫，任正非全家人想方设法寻找食物，种南瓜，采野果，煮菜根，实行严格的分餐制，同舟共济渡过难关。任正非认为正是父母的无私才保证了所有子女能够生存下来。

这段忍饥挨饿的人生经历使任正非养成了艰苦朴素、勤俭节约的好习惯，摆脱了奢侈和招摇的生活，养成了朴实无华的心态。他说：'我的不自私是从父母身上学到的。华为这么成功，与我不自私有一点关系。'"（出自《任正非传》，倪云华著）

在军队转业后，任正非来到深圳，加入南油集团并在南油集团下属的一家电子公司担任副总经理。在主动寻找生意机会的过程中，他被骗了200万元。这是他在寻找机会中受到的非常大的挫败，也促使他后来离开南油集团并开始独立创业。

而任何从零开始的创业都是一种"机会主义"的体现。很多领导者开始创业时并不知道该如何取得成功，做什么业务，也没有成型的产品和服务可以提供给客户。大部分创业者靠的是对机会的感知和把握，在不断尝试中开展业务。任正非创立华为的经历也充分体现了他作为创业者的"机会主义者"的心智模式。而这样的心智模式可能一直贯穿任正非的一生。从华为创立的第一天起，任正非就只有一个目标：让华为活下去。在华为遭遇美国的制裁后，他也一直强调："我们要活下去。以前这是最低纲领，现在这是最高纲领。"可见，"机会主义者"虽然是大部分领导者的早期心智，但也是必不可少的一种心智模式。即使在领导者达成非常高的心智状态时，当面临巨大压力和生存危机时，他们也会自然回退（Fall Back）到"机会主义"的生存模式。

社会化阶段

1968年6月，任正非大学毕业直接应征入伍，成为一名军人。他的传记中这样描述：其实在当时中国社会主流价值由工人、农民和军人所主导的环境下，从军也是任正非最好的选择。他悟出一个道理："一个人再有本事，也必须得到所在社会的主流价值认同，才能有机会。"而在1982年，38岁的任正非也随着改革开放选择到深圳工作。从任正非这些早期的发展都可以看出是随着社会洪流而变迁的。认同社会主流价值，追随社会发展大潮，可以看作这个时期任正非的社会化心智的集中体现。

自主—专家阶段

任正非在军队中不断钻研科技，他的科技发明曾填补过国家的空白，他获得多项技术发明创造奖项。1978年国家召开全国科学技术大会，33岁的任正非作为部队的骨干人才，出席了这次大会。在6000多名代表中，35岁以下的只有150人，而任正非就是其中之一。

这些经历塑造了任正非专业和技术为主导的思维偏好，逐渐构建了他的"自主—专家"心智模式。当任正非创立华为的时候，最初他也期待用自己的专业领导众人。

任正非在自述中说道："在创立华为时，我已过了不惑之年。而我进入不惑之年时，人类已进入电脑时代，世界开始疯起来了，等不得我的不惑了。我突然发觉自己本来是优秀的中国青年，所谓的专家，竟然越来越无知"；"不是不惑，而是要重新起步新的学习，时代已经没时间与机会让我不惑了，前程充满了不确定性"；"我刚来深圳还准备从事技术工作，或者搞点科研，如果我选择这条路，早已被时代抛在垃圾堆里了"。

上面的自述表明任正非最初的自我认定就是一位专家。他希望搞技术工作，搞科研，但又苦于他并不是华为从事交换机领域的专家，从而逼迫自己逐渐迈向"组织者"的管理模式（自主成就者）。

自主—成就者阶段

早期创立华为后，任正非逐渐认识到要搞研发，就必须要有更多的人才加入。因此，任正非陆续招募了在华中理工大学任教的郭平和清华大学的博士郑宝用，并成功推出了华为早期自主研发的技术产品。后来孙亚芳、李一男、刘平等也陆续加入华为，不断强化华为的研发能力和市场开拓能力。任正非的工作也越来越转向了领导和组织。

任正非说："我后来明白，一个人不管如何努力，永远也赶不上时代的步伐，更何况是在知识爆炸的时代。只有组织起数十人、数百人、数千人一同奋斗，你站在这上面，才摸得到时代的脚。我转而去创建华为时，不再是自己去做专家，而是做组织者。在时代面前，我越来越不懂技术、越来越不懂财务、半懂不懂管理，如果不能民主地善待团队，充分发挥各路英雄的作用，我将一事无成。从事组织建设成了我后来的追求，如何组织起千军万马，这对我来说是天大的难题。"

任正非将自己定位为"组织者"，反映了他从"自主—专家"心智向"自主—成就者"心智的自然转化，当然，这样的转化对于任何一个领导者而言都是充满挑战的。

自变早期（再定义）阶段

任正非在成为"组织者"后，调侃自己慢慢变成"甩手掌柜"。他是这样描述自己的："在华为成立之初，我是听任各地'游击队长'们自由发挥的。其实，我也领导不了他们。前十年几乎没有开过办公会议，总是飞到各地去，听取他们的汇报，他们说怎么办就怎么办，理解他们，支持他们；听听研发人员的发散思维，乱成一团的所谓研发，当时简直不可能有清晰的方向，像玻璃窗上的苍蝇，乱碰乱撞，听客户一点点改进的要求，就奋力去找机会……更谈不上如何去管财务了，我根本就不懂财务，后来也没有处理好与财务的关系，他们被提拔少，责任在我。""或许是我无能、傻，才如此放权，使各路诸侯的聪明才智大发挥，成就了华为。我那时被称作'甩手掌柜'，不是我甩手，而是我真不知道如何管。"

虽然任正非将当时自己的经历描述成"甩手掌柜",他也谦虚地称自己是无能的,但也许就是这样的处境让他逐渐学会了放下,敢于承认自己的"无能",并愿意鼓励众人发挥聪明才智,从而成就了华为。

自变成熟期(转化)阶段

任正非描述自己从"甩手掌柜"后来发展成为一位"文化教员",恰恰折射了他从"自变早期的再定义"阶段发展到了"自变成熟期的转化"阶段。从而逐渐学习利用文化的手段和制度化的管理机制转化组织,焕发出组织的能量。在这个层面有几个标志性的事件:在1996年,任正非面对逐渐停滞的组织,搞了一次"集体大辞职",并于1998年由人民大学的专家主导在内部发布了"华为基本法",还有就是2004年华为开始实行轮值主席制度并演变为轮值CEO制度。

他是这样描述自己的这些经历的:"到1997年后,公司内部的思想混乱,主义林立,各路'诸侯'都显示出他们的实力,公司往何处去,不得要领。我请人民大学的教授们,一起讨论一个'基本法',用于集合一下大家发散的思维,几上几下的讨论,不知不觉中'春秋战国'就无声无息了。人大的教授厉害,怎么就统一了大家的认识了呢?从此,开始形成了所谓的华为企业文化,说这个文化有多好,多厉害,不是我创造的,而是全体员工悟出来的。我那时最多是从一个甩手掌柜,变成一个文化教员。"

"大约2004年,美国顾问公司帮助我们设计公司组织结构时,认为我们还没有中枢机构,不可思议。而且高层只是空任命,也不运作,提出来要建立EMT(Executive Management Team,执行管理团队),我不愿做EMT的主席,就开始了轮值主席制度,由八位领导轮流执政,每人半年,经过两个循环,演变到今年的轮值CEO制度。""也许是这种无意中的轮值制度,平衡了公司各方面的矛盾,使公司得以均衡成长。轮值的好处是,每个轮值者在一段时间里，担负了公司 COO 的职责，不仅要处理日常事务，而且要为高层会议准备起草文件，大大地锻炼了他们。同时，他不得不削小他的屁股，否则就达不到别人对他决议的拥护。这样他就将他管辖的部门，带入了全局利益的平衡，公司的山头无意中在这几年削平了。"

"经历了八年轮值后，在新董事会选举中，他们多数被选上。我们又开始了在董事会领导下的轮值 CEO 制度，他们在轮值期间是公司的最高行政首长。他们更多的是着眼公司战略，着眼制度建设。将日常经营决策的权力进一步下放给各 BG、区域，以推动扩张的合理进行。""这比将公司的成功系于一人，败也是这一人的制度要好。每个轮值 CEO 在轮值期间奋力地拉车，牵引公司前进。他走偏了，下一轮的轮值 CEO 会及时去纠正航向，使大船能早一些拨正船头。避免问题累积过重不得解决。"

自变超越期（炼金术士）阶段

任正非领导的华为在最近十年中越来越成为大家学习的对象。任正非的思想也被大众所认可，可以说他的思想已经构建成型，并深刻影响了华为乃至中国的企业界。托伯特（Torbert）把这样能促发社会精神转型的领导者称为"炼金术士"。任正非提出的一系列管理哲学理念，如熵增、灰度管理等，的确重塑了中国企业家的思维，带来了思想上的转型。

任正非在他形容的"众人和制度"维度谈到了几个观点，也非常具有高度自变的特征：

- 众人和制度——"我们的大地就是众人和制度，相信制度的力量，会使他们团结合作把公司抬到金顶的。"
- 拥抱未来——"我们无法准确预测未来，仍要大胆拥抱未来。"
- 定力和变革——"面对潮起潮落，即使公司大幅度萎缩，我们也要做到不仅淡定，而且要矢志不移地继续推动组织朝向长期价值贡献的方向去改革。要改革，更要开放。"

- 激活组织——"要去除成功的惰性与思维的惯性对队伍的影响，不能躺在过去荣耀的延长线上，只要我们能不断地激活队伍，就有希望。"

- 管理未知——"我们对未来的无知是无法解决的问题，但我们可以通过归纳找到方向，并使自己处在合理组织结构及优良的进取状态，以此来预防未来。"

- 直面组织的死亡——"死亡是会到来的，这是历史规律，我们的责任是不断延长我们的生命。"

领导者心智发展的内在规律

任正非创立了华为，并带领华为成为世界级的企业。我们从上面的描述中可以清晰地看到他从"专家"到"自变"心智转化的历程。在这个过程中，他从崇尚专业逻辑的专家思维转化为带领华为成就一番事业的成就者，并逐渐进入自变的心智状态，虽然自称"甩手掌柜"，但可以看出他在和组织成员以及客户密切接触的过程中，不断重构复杂问题，顺利进入到后期运用多种组织、文化和制度手段带领个人和组织实现转型。当华为逐渐壮大，任正非称自己像一个"傀儡"，他通过联席主席、股权激励等制度设计，并通过不断输出自己的思想，带领华为实现了一次又一次的物质和精神转型。而这样的思想力量不仅仅指导了华为的战略和业务发展，也形成了社会影响，让我们整个社会理解到要取得业绩，就需要对抗人性的惰性（熵增）；制度建设和不断变革才能激发组织的活力；我们需要不断自我批评并向人类先进的文明持续学习才能进步；中国的企业也可以通过自主创新雄踞世界科技的高峰。

我们也可以清晰地感知到，任何一个领导者的心智转化都遵循一种个体感到集体感交替往复的螺旋式上升模式。任正非也是从这样的状态中逐渐成长的。在他处于生存模式下时，往往是个体主导的行为；而当他求学融入社会时，是逐渐融入主流价值和集体的状态；当他获得专家的身份感知后，又建立了一种可以凭借个人的专业存在的感觉；当他创建华为时，专家的身份破碎，随后进入"组织者"的集体工作模式，从而带领团队达成业绩；而当发现华为发展中"诸侯"群立，他先是以个人身份进入其中逐渐探询，表现得像一个"甩手掌柜",随后就通过制度和文化不断整合组织,从而实现了个人和组织的转化;最后当他可以用思想带领组织时,他的个人感又逐渐回归,他称呼自己是"傀儡",实际上已达成了高度超脱的领导者状态,从而可以更多聚焦于思想层面的产出。我也将这个转化历程总结成表(如表 3-1 所示),供大家参考。

表 3-1 领导者心智发展不同阶段的特点

心智类型	特点	个体/集体	任正非的自我发展定义
冲动型/工具型	个人获胜	个体	
社会化型	归属和融入	集体	
自主—专家型	专业和逻辑	个体	专家
自主—成就者型	被个人和团队成就驱动	集体	组织者
自变早期(再定义)	独特重构复杂问题	个体	甩手掌柜
自变成熟期(转化)	带来个人和组织转变	集体	文化教员、轮值主席
自变超越期(炼金术士)	整合物质和精神转型	个体	众人和制度

从价值观念的转变来看,任正非也体现了因为心智演化,而带来的领导者关注的价值点的持续提升和转变。我们可以清晰地看到,他在青少年时期和创业早期的生存模式(Survival Mode);也可以看到他在大学从军到转业期间的主流价值认同和归属(Belonging)状态;他在从军期间通过技术创新获得国家科技大奖体现了他专家思维的精通(Mastery)模式;当他组织华为的人才实现华为业绩的突破体现了他关注效能(Effectiveness),尝试平衡(Balancing)不同业务单元的技巧和手段;在"甩手掌柜"工作模式下他体现了足够的耐心(Tolerating),广泛参与组织内部探讨(Inquiring)和尝试置身事外的个人化色彩(Personalizing);而当他逐渐进入自变的转化模式时,我们能够看到他制定和传播原则(Principles),不断通过个人讲话梳理和宣传自己的工作理念,也可以看到通过整合(Integrating)和发展(Developing)他逐渐将自己倡导的原则落实为创新的组织实践活动,推出落实了一系列助

力华为腾飞的制度和举措,从而让华为一跃成为世界第一的电信巨头企业。而他的自变超越期(炼金术士)更加体现在他持续产出(Generating)自己独特的管理哲学思想,并尝试通过思想介入(Disturbing)华为的内部管理从而影响众人的思想塑造,他个人也逐渐演化为一名商业上的精神领袖。虽然他不愿意彰显自己的名声,但依然光芒四射,对中国的企业和社会产生了积极的精神影响。而这一历程,高度吻合了托伯特的学生赫德曼·巴克博士提出的领导者行为逻辑下的价值观演化模型(如图3-2所示)。

冲动工具型 (机会主义者)	社会化型 (外交家)	自主—专家	自主—成就者	自变早期 (再定义)	自变成熟期 (转化)	自变超越期 (炼金术士)
生存模式 (Survival Mode)	忠诚 (Loyalty)	效率 (Efficiency)	效能 (Effectiveness)	流程 (Process)	原则 (Principles)	产出 (Generating)
反应模式 (Reactive)	服从 (Obedience)	细选 (Choosing)	社区 (Society)	忍耐 (Toleratig)	包容 (Including)	干扰 (Disturbing)
自我保护 (Self Protective)	归属 (Belonging)	精通 (Mastery)	平衡 (Balancing)	探询 (Inquiring)	整合 (Integrating)	创造 (Creating)
	保持 (Retaining)	试验 (Testing)	价值感 (Valuing)	个人化 (Personalizing)	发展 (Developing)	拓展 (Expanding)

图 3-2 赫德曼·巴克提出的领导者行为逻辑下的价值观演化

无论是巴菲特还是任正非,我们都可以意识到领导者心智的发展有其内在规律。任何一个个体的心智发展都是逐级渐进的,不太可能实现跨越。领导者在一个时期,会有其重心(Center of Gravity)的心智,但也会出现更高的心智雏形(Emergent),但在面对压力的状态下,也会出现后退(Fallback)。

我们也可以理解,任何领导者的发展都需要在自我的环境中,建立对于心智发展规律的客观理解,从而可以更加自主地投入到自我的发展中。如果没有认识到心智发展的规律,大部分领导者会陷于发展的停滞无法自拔。我们也观察到很多人希望学习(模仿)任正非,学习(模仿)巴菲特,但我们没有看到过第二个巴菲特和第二个任正非出现。

真正的领导力发展是在领导者的自我意识觉醒的情况下，选择自己的发展路线，从而创造出自己与众不同的领导力表达。因为，任何领导者的核心价值都在于创造，他们首先创造的是一个与众不同的自我，然后才能创造出优秀的业绩甚至影响和改变外部环境。

第 4 章

心智整合才能正直

我们的奋斗目标,不是长寿,而是活得正直。

——塞内加

做一个正直的人,就必须把灵魂的高尚与精神的明智结合起来。

——爱尔维修

正直的含义

当我们谈及领导者，一个非常重要的标准就是要正直。正直也是很多组织对于管理者和员工的核心价值观要求。当大家一旦问到这个问题——"你是正直的吗？"基本没有任何一个人会用否定的语言来描述自我的正直度。没有人愿意承认自己不正直，即使别人可能会认为他会有不正直的表现。也没有人愿意主动用"不正直"批评他人，那似乎是一种决裂式的道德审判，是我们在人际交往中刻意避免，或者是我们想否定一个人的终极断语。

如果正直是指诚实可信、遵纪守法、遵守道德规范、为人正派，我们社会中的大部分人的确可以说是正直的。但如果正直包含了表里如一、言行一致、有勇气暴露问题、始终坚持高的标准做人做事，很多人就不见得能够达到这样的标准。

对于组织而言，遵纪守法是最基本的要求，但是把一群遵纪守法的人聚集在一起，也不见得能达成高绩效的业务目标。在组织和业务的要求下，正直的标准就需要提高到更高的维度，那就是敢于不断修正自己和他人的问题，能克服内在和外在的障碍，言出必行，达成结果。对于领导者而言，就是要有勇气领导他人，不唯唯诺诺，不拉帮结派，能打造一支有战斗力的团队。

如果予以深究的话，正直的确是一个非常高的价值标准。虽然正直这个词我们经常使用，但我们有必要对其含义做一些深入的探讨和厘清。

正直是人们自古就追求的价值标准。如果查一下英语词典，正直（integrity）被解释为诚实和公正的品质（the quality of being honest and fair）；但 Integrity

也有另外一个含义，那就是完整的状态（the state of being complete and whole），也可以翻译为整合度和完整度。

我们形容人的时候，习惯用正直来界定一个人的品质。而当我们谈论物时，习惯用完整度来定义其整合性。我们很少使用整合和完整性来定义一个人，也就产生了上面我们谈到的讨论正直时的矛盾心理：没有人愿意承认自己是不正直的（诚实、道德、公正），但说到高度整合和完整，其实很少有人能够完全做到。

心智整合 MIND INTEGRATION AT WORK ▶

如何做到正直

因此，与其问一个人是不是正直，不如问他是不是高度整合的。实际上，正直是人的一种品质表现，而整合却是一个人的内在状态。可以这样讲，只有内在高度整合的人才能表现出外在高度正直的品质。一个人内心和谐，没有冲突和矛盾感，外部才能言行一致，表里如一，坦诚正直。

因此，正直的人拥有一系列优秀的特质：

- 正直的人首要的特质是诚实，他们努力做到真实。他们愿意承认自己的错误，并试图从中吸取教训。
- 正直的人值得信赖。如果他们无法完成任务或无法满足最后期限，会尽快告知他人。
- 正直的人是勤奋的。他们努力按时完成高质量的工作。他们理解，自己所做的工作会影响组织和业务的结果。
- 正直的人是负责的。他们对于自己的行为负责。因此，他们是主动的，并力争履行自己的职责。

我们日常认为正直的人原则性强，刚正不阿，从而给人一种印象——正直的人是严肃的、严厉的、对错分明的。

但需要承认，一些原则性强的人，可能内心一直有矛盾感，他们期待别人按照自己认为对的来做。由于对事情有自己的对错判断，缺乏包容心态，这样的人可以说在一定程度上是正直的，但他们还不能达成内心的和谐，心里往往充满矛盾。如果领导者自己有强烈的对错观念，并用这样的标准来衡量外部世界时，总会不时地发现问题和错误。这样的领导者没有办法放松自己，也没有办法达成内在的和谐统一。其正直特质可能很容易演变为刚愎自用、缺乏灵活性和创造性。

所以，除了上述的正直品质以外，正直的人，由于其内在的整合度，待人会更加亲切，愿意尊重他人，做事有耐心，并愿意帮助他人。高度正直的人能够容忍外部的挑战和障碍，他们善于聆听，举止冷静。

孔子的《论语》都是围绕"仁义"展开，实质上都和正直相关。总结起来，孔子和他的学生为中国人树立了很多对于正直的正确理解，这些品质包含了诸如敢于直言、不断自省、见贤思齐、见不贤而内省、直率、谅解、愿意分享、重义轻利、和而不同等。

不失言亦不失人。 在《论语·卫灵公篇》中，子曰："可与言而不与之言，失人；不可与言而与之言，失言。知者不失人，亦不失言。"孔子谈到"如果有些话应该对他人说可是却没有说，那就是对不起这个人（失人）；有些话不应该对某人说，可是却不经意地告诉了他，那就是失言"。不失人是"正"，不失言是"直"。能够有效把握说话分寸并敢于直言的人当然是正直的君子。

三省吾身。 在《论语·学而》中，孔子的学生曾子说到"吾日三省吾身，为人谋而不忠乎？与朋友交而不信乎？传不习乎？"曾子每天多次反省自己，每天都检查为别人谋划做事是不是做到了尽心竭力？和朋友交往，是否足够真诚、守信？对老师传授的知识，能不能真的好好的掌握了？三省吾身，确保自身做到正直诚信，履行承诺。

见贤思齐，见不贤而内省。 在《论语·里仁》中谈道："见贤思齐焉，见不贤而内自省也。"就是说看到有德行又有才能的人就要努力向他学习，努力成为像他一样的贤德之人；看到没有德行的人，就要从内心深处进行自我反省，看自己有没有他的毛病。可见，在孔子的理念中，已经非常强调要善于内归因，而不是总是把问题归于他人和外部环境，这样可以有效避免我们在工作生活中产生受害者心态。

直率，谅解，愿意分享。孔子说："益者三友，损者三友：友直，友谅，友多闻，益矣；友便辟，友善柔，友便佞，损矣。"意思是正直的人善于交有益的朋友，他们的朋友是正直的人、懂得谅解的人和拥有广博知识并愿意分享的人，和这样的朋友交往是有益的；而不正直的人喜欢交往有害的朋友，这些朋友往往谄媚逢迎、表面奉承却背后诽谤并善于花言巧语，和这样的人交朋友是有害的。这句话也道出了正直的朋友需要做到直率、敢于谅解他人并愿意和他人分享自己的所知所得。

重义轻利。孔子说："君子喻于义，小人喻于利。"正直的人，也就是孔子所说的君子，做事重视意义和大义。而不正直的人往往是动之以利的。

和而不同。孔子说："君子和而不同，小人同而不和。"的确，正直的人即使和他人有不同意见，也会和他人保持合和的关系。而不正直的人缺乏独立见解，喜欢追求与别人一致，但往往是表面的和气，底下却表现不一致的意见甚至诽谤他人。

内在的恐惧让我们无法全然正直

无论在学校中还是在工作中我们都在强调正直，那为什么我们还无法做到全然的正直呢？

这是因为我们每个人都有内心的恐惧。U型理论的提出者奥托认为成为领导者需要面对三个敌人：评判之声、嘲讽之声、恐惧之声（VOJ、VOF、VOC）。做到正直，我们也需要战胜这三个敌人。

奥托认为"判断之声（Voice of Judgement，简称VOJ）封锁了我们通往开放的思维大门。除非我们成功地关闭了判断之声，否则我们将不能在接近真实的创造力和在当下方面取得进展。嘲讽之声（Voice of Cynicism，简称VOC）封锁了通往开放的心灵的大门，它带给我们批评、冷漠、怀疑等各种疏远情感的心理活动。如果没有信任和接纳，我们如何能够接近开放的心灵呢？只有当我们停止了嘲讽之声，我们才能到达真我。恐惧之声（Voice of Fear，简称VOF）封锁了我们通往开放的意愿的大门。它阻止我们放弃已有的东西，维护着原来的我，表现为害怕失去经济保障、害怕被排斥、害怕被嘲笑以及害怕死亡。迎接并应对恐惧的声音正是领导力的真正本质，因为唯有放弃小我和生成大我，克服了未知的恐惧，方能迈进一个新世界。"（摘自奥托·夏莫《U型理论》）

细节来看，我们的评判之声（VOJ）大都来自我们的观念，这些观念在我们接受教育，进入社会，平时和家庭朋友互动，看媒体新闻时逐步形成。由于对于这个世界缺乏认知，婴儿没有评判，所以我们称之为"赤子之心"。

但当我们长大成人后，我们开始嫌贫爱富，积累了很多二元的对错观念，有了远近之分。我们对世界习惯性地展开各种评判，同时也会开始判断自我："自己是不是强大""自己能不能成功""自己是不是对的"等。

嘲讽之声（VOC）主要来自我们潜意识中的阴影，属于人类社会或者我们主动压抑的潜意识部分。不同的文明之间充满了这样的嘲讽之声，形成了我们的集体潜意识。举一个简单的例子，大部分美国人是从来不吃鸡爪的。在他们的集体潜意识甚至基因中，都被注入了这样的观念，那就是鸡爪是不能吃的（不干净的）。所以如果美国人看到中国人在吃鸡爪，往往难以接受，心中肯定升起了嘲讽之声。排斥的东西变为阴影，从而让人产生了嘲讽之声；有人看不起失败的人，也同样会嫉妒那些成功者；有人自大，嘲讽别人愚蠢。这些都是嘲讽之声。

而恐惧之声归根到底都是对于死亡的恐惧。有一个测评就是测量人的内心恐惧来源的，它包含八个子维度：死亡、孤独、虚无、迷茫、失控、敌意、良心谴责、否定。这些要素都会制造出人内心的恐惧感。

我们常会恐惧自己的存在状态和怀疑自己的存在价值。比如我们会感觉到死亡带给我们的完全无意义感；孤独会让我们担心无法独立生存；虚无则是恐惧存在本身就没有意义；而迷茫的恐惧会表现出担心错过更好的自己而失去生活的意义。

而失控、敌意、良心谴责、否定这四个要素都会带来攻击性的恐惧。我们每个人都有攻击性但也极力让自己免于受到他人和外界的攻击。这些恐惧让我们采用攻击方式来保护自己，也会采用被动的受虐（产生内在怨恨）来保全自我，但也会采用逃跑的方式来回避攻击。

当我们认识到这些内在的评判、嘲讽和恐惧时，也就能够理解自己和他人为什么无法做到全然的正直了。很多不正直的表达都因我们内在的恐惧而发。这包括言不由衷，无法履行承诺，曲意逢迎，追求个人利益而抛弃道义，拉帮结派，封闭抗拒，不愿意分享等。

整合即正直

因此，只有当我们了解并克服内在的评判、嘲讽和恐惧之声后，我们才能焕发出一种真正的整合状态。"整合"就是我们内在的正直。如果一个人达到了高度整合（正直）的状态，我们的内心将少有冲突感，我们和他人互动时将少有压力感，对自己也会少有强迫感，和外部环境互动也会少有违和感。

所以，高度整合的人能够兼顾多个维度，达到身心真正的和谐和统一。

这些维度包括：

（1）思想—语言—行为的统合；

（2）身体—心智—灵性的统合；

（3）内在自我，外在自我，内在集体和外在集体的统合。

有意思的是，在《庄子·天运》中记载，孔子去找老子谈论仁义（关于正直的话题），老子说："飞扬的糠屑进入眼睛，天地四方看来都会颠倒了；蚊虻之类的小虫叮咬皮肤，人们就会通宵不能入睡。仁义给人的毒害就更为惨痛乃至令人昏聩糊涂，对人的祸乱没有什么比仁义更为厉害。你应该让天下人不要丧失淳厚质朴，你也可顺化而行，执德而立了，又何必那么卖力地去宣扬仁义，好像是敲着鼓去寻找迷失的孩子一样？

"天鹅不需要天天沐浴毛色也会自然洁白，乌鸦不需要每天用黑色颜料洗染毛色也会自然乌黑。乌鸦的黑和天鹅的白都是出于本然，不值得分辨谁优谁劣；名声和荣誉那样的外在东西，更不足以传播张扬。泉水干涸了，鱼儿相互依偎在陆地上，大口出气来取得一点儿湿气，靠唾沫来相互得到一点儿润湿，倒不如在江湖里彻底忘怀！"（"相濡以沫，不若相忘于江湖"）

孔子拜见老子回来，整整三天不讲话。弟子问道："先生见到老子，对他做了什么规劝吗？"孔子说："我直到如今才见到了真正的龙！龙乘云驾气而养息于阴阳之间，我大张着口久久不能合拢，我又哪能对老子作出规劝呢！"

虽然孔子谈了很多正直仁义的道理，并不断宣扬和规劝他人实行，但在老子眼里，这些反而让天下人丧失了淳厚质朴。正直仁义最终还需要以浑然天成的自然之道，充分考虑人的整合性才能达成。

显然，这些圣人的故事也为我们当代的领导者成为高度整合的领导者提供了有益的建议！

第 5 章

让身心合一的健康之道

与其做好人,我宁愿做一个完整的人。

——卡尔·荣格

没有一个人会生病,除非那个病满足了一个心灵或心理上的理由。

——珍·罗伯兹

心智整合 MIND INTEGRATION AT WORK ▶

我们需要"装"吗

我看过一个短视频，觉得非常有意思。这个视频是一位大学教授讲的一段关于人性幽暗面的话，他说："我小时候非常讨厌我的父母，见到叔叔阿姨就让我来叫叔叔和阿姨。我后来发现了，慢慢地发现，其实人是很难发自内心地去尊重别人，所以所有的尊重其实都要去训练。我的父母就是这样教育我，一直在训练我去尊重他人。按照我们的本性，我们其实是真的不想尊重他人的，就是希望把对方给物化。我们看到比我们优秀的人会嫉妒，看到不如我们的人会轻视，看到漂亮的人会激发我们的邪情，看到长相丑陋的人就会产生厌恶，所以人的内心是很幽暗的，很多时候你都要去'装'，'装'多了你慢慢地就会发自内心地去尊重。"

这段话讲得浅显易懂，我们从小就开始在父母和老师以及周边环境的教育下，被教育成一个懂礼貌、友善的好人。这位老师也指出，在我们这个社会中，大家普遍都接受这样一种方法，就是通过不断地"装"，我们慢慢地就会发自内心地去尊重。因此，"装"是我们这个社会普遍采用的一种生活和工作方式。如果我来问大家，你们同意这样的看法吗？大部分人可能都会表示认同。如果我们不去伪装，可能无法抑制住自己内心不好的本性，最终会影响自己和他人。

"忍"字头上一把刀

这也让我联想到中国文化中经常推崇的另外一种模式，那就是要"忍"。在中国文化中，"忍"是一个非常好的状态。中国自古就有"忍"的文化，小不忍，则乱大谋。越王勾践卧薪尝胆就是极度忍耐而复仇的故事。这样的故事在古代是励志的，但如果发生在现代人身上，就算是一个极度压抑自我的案例了。可以想象，如果越王勾践活在现在，他每天都在极其糟糕的环境中向内心寻求仇恨的记忆，这无疑是一种极端的自我折磨。

因为仇恨首先谋杀的是自己。印度文学家泰戈尔在《画家的报复》一文里，讲述了这么一个故事：一个画家正在集市上卖画，在不远处，走来了一位大臣的孩子。那位大臣年轻时，曾经以为自己欺诈了画家的父亲。因为没有道歉的机会，而时常内疚。大臣的孩子几经周折，才打听到画家的下落。于是他这次前来，就想在画家那里买一幅画，还了父亲的心愿。没想到，画家却匆匆用一块布把孩子选中的画遮盖住，并声称这幅画不出售。孩子回去后，把事情告诉了父亲。大臣亲自出面，表示愿意高价买下这幅画。但画家表示，宁愿把画一直挂在画室，也不愿意卖给他，并气愤地说道："这就是我对你们的报复！"每天早晨，画家都要画一幅他信奉的神像。但渐渐地，画家觉得自己画的神像与以前画的有些不一样。这让他苦恼不已，不停地寻找原因。有一天，他突然发现，自己画的神像眼睛像极了大臣。他不禁感慨："我的报复已经报到我自己头上来了。"

现代人在法制的环境下很少需要复仇，但是，我们却绝不缺少仇恨、不满、嫉妒、委屈等各种负面心态。我们将自己的不满、嫉妒甚至仇恨等情绪通过"装"和"忍"统统压抑下去，形成了一种面具型的人格。我们表达的往往和我们内心感受的不一致，我们和一些人可以表达友善和顺从，但背地里却和其他人发泄不满和抱怨。

从字面意义看，"忍"字心头一把刀，说明当我们忍的时候，我们的心会受伤。同样的道理，"装"在中文中有"用服饰改变人的原来面貌"和"假装，故意做作"的意思。这些状态长期持续，就可能给我们的心理带来很大的挑战，甚至导致疾病。英文中 Disease 就是"不自在"的意思。当我们处处让自己不自在的时候，久而久之，必然导致疾病。

因此，美国的人本心理学大师卡尔·罗杰斯就说："在我生气和不满时，做出一副平静和友善的样子，是没有用的；不懂装懂，是没有用的；在某一时刻实际上充满敌意，却装作一个仁慈的人，是没有用的；如果实际上既害怕又缺乏信心，却做出非常有把握的样子，是没有用的。总之，当我感到不舒服，却装出一切都好的样子，那毫无益处。"

负面情绪会导致疾病

"装"和"忍"压抑的是每个人内心的负面情绪，当负面情绪累积时，就会影响我们的身体健康。从古代的《黄帝内经》到现代的医学和心理学研究，已经清晰地呈现出内心负面情绪和疾病的直接关联。

负面情绪可以说是负面的心智观念产生的垃圾。现代的研究越来越让我们理解到，身体的疾病很多和心理直接关联。人的身体和意识随时在交流，当我们的身体和意识不能整合时，就表现为病痛和疾病；而当我们尝试将身心整合后，我们才有可能达到真正健康的状态。人们往往喜欢好的情绪，而把负面的情绪如悲伤、恐惧压抑下来。每种负面情绪后面都有一些负面的观念。如果不改变观念，就会导致疾病。有研究证明，情绪对于疾病的发生起到了超过百分之九十的作用。

可惜现代人普遍受到科学唯物主义的教育，常常以自己能够看到的证据来理解道理的科学性，从而让身体和心灵彻底隔绝了。在大部分人眼中，身体是一个纯物质的组合，它由30万亿个细胞形成器官，而器官各司其职，我们的责任好像就仅限于提供给我们身体足够的物质呵护和营养，并让肌肉足够发达就能保证身体的健康了。

现代医学也给我们一种错觉，那就是通过药物治疗可以帮助我们解决各种疾病的挑战，甚至现在人们还希望研发出让人长生不老的药物。在这样的科学唯物论统治我们认知的年代，很少有人去理解，我们的身体健康与情绪、心智乃至心灵的关联。很多人非常注重健康，但很奇怪突然就生病了。人们单纯地把身体看作一个机器,忘记了身心的整合,也没有能力关注自己的内在发生了什么,从而无法洞察疾病发生的底层原因。

转化情绪带来健康

情绪会导致疾病，而解决之道就是转化自己的情绪。我阅读过一些资料，详细描述了疾病和情绪的关系，以及如何解决，如表 5-1 所示是我作的一些摘要，供大家参考。

表 5-1 病症和情绪的关联

病症	情绪	解决之道
鼻炎	压抑的情绪	找到压抑情绪的原因
咽炎	希望表达自己	用心沟通
口腔溃疡	对自己要求高	降低对自己的要求
带状疱疹	内在的孤独感	面对孤独，找到内在力量
无缘无故掉头发	焦虑	活在当下
脑血栓	想不通	打通思维
高血压	愤怒，都听我的	放下控制
肾有问题	害怕、恐惧、胆小	承认自己害怕
肾结石	内在的恐惧	面对自己内在的恐惧
肺癌	太要强	放手，给别人表现的机会
肝病	被忽视、怀才不遇、郁积	发现生活中真正美好的东西
心脏难受	激动、脆弱、自怜	从受害者心态走出来
胃炎	过多的情绪，难以消化	面对情绪，接纳情绪
胆结石	所有的情绪、所有的事实再也承受不了	以讨好开始的行为，最后都会变成怨恨
肠炎	紧张、过于焦虑	放松，接受发生的事
乳腺增生、乳腺癌	生气、长期郁积	接纳自己、爱自己
肥胖	内在脆弱	让自己的内在强大起来
痛风	自暴自弃	接纳痛苦，穿越痛苦

如果细想起来，我们很多的疾病吻合这些情绪关联。我就有不少亲身的体验，二十年前我突然感觉腹部疼痛，后来被确诊为慢性结肠炎。当时我查资料，说结肠炎和精神焦虑有关，而我那时却感觉自己很乐观，看不到自己内心的焦虑，也无法解决。因此，这个疾病就一直伴随了我好多年。后来，当我真正地察觉到了自己内心的焦虑（那种渴望成功而带来的负面情绪），慢慢地，我感觉这个结肠炎就悄然消失了。这恰恰可能是我逐渐学会了让自己放松的结果。

在杰瑞米·豪维克的《自愈力》一书中，就谈到一百多年前，哈佛大学的一名学者沃尔特·加农和俄国的伊万·巴普洛夫都观察到猫和狗在面临危险时，胃部会停止分泌消化液。而加农在第一次世界大战期间被派往前线医治患有创伤性休克的士兵时，发现人在感到恐惧和面临压力时，胃和肠道也会产生和猫和狗同样的反应，不仅消化会暂停，还会出现一系列别的反应，如口干、瞳孔扩大、心跳加快、体内肾上腺和皮质激素的水平增高等。加农将控制人体这些反应的系统称为"交感神经系统"，而交感神经系统将人体的大脑、脊髓和各个器官链接在一起。这也解释了外界环境与内心的情绪和压力会对身体有切切实实的影响。

武志红老师也有一本书名为《身体知道答案》，其中讲述了许多他开展心理咨询的案例。这些案例无一不验证了身体的反应乃至疾病，都是我们压抑情绪的结果。该书中记录了，他曾经采访过罗伯特·迪尔茨（NLP专家），武志红特地问了迪尔茨一个问题："你现在如何看待身体的疾病？"迪尔茨说："每一种疾病都是一种表达，当我们压抑一些东西，不允许它在心理和灵性层面表达时，它会通过身体来表达，这就是身体的疾病。可以说，每一种症状，都是一部分自我在说不，但我们不倾听这些讯息，最终它不得不通过破坏性的方式来表达。"

罗伯特·迪尔茨也分享过他的母亲在五十多岁时被诊断乳腺癌，医生估计她只有几个月的生命了。迪尔茨通过这些理论和母亲探索了一系列关于疾病和人生使命的问题,揭示了母亲非常深层的内在矛盾(内心恐惧迫使她按照别人的意志而活)。这样的对话彻底改变了母亲的人生,配合治疗和情绪调解,他的母亲从癌症中复原并又活了十八年。

焕发自由能量

所以，负面情绪会导致疾病，"装"和"忍"不会让我们的负面情绪消失，反而会更加累积。简单的释放情绪是可以的，但当我们释放情绪时，他人会遭殃，也会破坏人际关系，甚至会加重内心的负面感受。因此，战斗（释放）（Fight），压抑（忍）（Freeze）和逃避（装）（Flight）都不是处理情绪最佳的模式。最佳的模式应该是学会转化自己的负面情绪。"不要抗拒邪恶"，要真诚地接受自己的负面情绪并逐步转化。要做到这点是非常困难的，需要极高的心智和心灵的成熟度。

在本书的第三部分，我将介绍荣格的"阴影工作"，这是转化我们内在负面情绪的非常好的方法。阴影转化的练习每天都可以展开。很多负面的情绪来源于我们内在的阴影，阴影本身就是那些潜藏在我们潜意识中的负面观念，通过阴影的转化，我们可以逐步转变自我的观念，而转化后的积极观念最终会带给我们真正自由的能量。

下面这张表格（如表5-2所示）来源于肯·威尔伯的《生活就像练习》。我做了一些修改和完善，添加了需要转化的积极观念。表格中列出了不同的阴影导致的情绪，以及我们可以转化出的积极观念和自由的能量。

可见，身体健康高度依赖心智健康和心灵的成熟。当我们更加包容地对待我们内在的阴影和负面情绪，并学习逐步转化，才能达成真正的身心合一的健康状态。

表 5-2　阴影 – 情绪 – 健康转化表

阴影	表达的症状（情绪）	转化的观念	转化成自由的能量
讨厌被他人驱动	对外界压力的憎恨、愤怒	我愿意为他人服务（被他人驱动），我愿意帮助他人，我愿意奉献	开放的接纳、克服障碍的能量
我害怕他人认为我是无能的	骄傲、傲慢	我并不是全能的；我也有很多能力缺失的地方；我不能一个人做成所有的事情	镇定、满足和放松
我害怕一事无成	不安、嫉妒、偏执	即使一事无成，我也是有价值的	明智、效率、结果
我害怕生活没有意义	不安全和焦虑	活在当下就是意义；努力了就有意义	放弃和空灵
我害怕受到别人控制	愤怒、拒绝、抗拒	放弃自我的感觉；接纳别人的想法；理解他人的意图	清晰整合穿透性的理解力
我无法自由，随心所欲（讨厌不务正业）	嫉妒	我是自由的；我有足够的时间做自己喜欢做的事情	镇定，自爱和慷慨
我无法主导自己（讨厌独裁者）	回避和否认	我可以主导自己并接受别人的指导	简单的存在
我无法成为有钱人（讨厌贪婪的有钱人）	贪婪和欲望	我本来就是富足的；我满意现在自己的生活状态	满足，慷慨和坚定的行动

GROWING UP

第二部分

成长

本部分着重阐述了领导者在觉醒后如何实现实质性的发展和提升，聚焦于领导者心智的成熟和视野的拓展。核心内容包括对"炼金术士"级领导者的精神内涵的解析，并围绕"冲突管理""利益相关者""人才发展模式"等维度详细阐述了不同心智的个体对于这些议题的认知差异，呈现出更高心智个体的可能行为展现，从而围绕具体议题为读者呈现出了心智成长的具体路径。

第 6 章

"炼金术士"领导者的奥秘

世界上只有一个问题,就是物质和心智的整合。

——南怀瑾

世界的意义必定在世界之外。

——维特根斯坦

什么是"炼金术士"

在托伯特领导者"行为逻辑"的理论中，界定了最高层面的领导者行为逻辑就是"炼金术士"（Alchemist）。当我最初看到"炼金术士"这个概念，一时也无法理解。

托伯特的行为逻辑理论是领导力发展的关键理论。托伯特认为，领导者的不同之处不在于他们的个性或管理风格，而在于他们内在的"行为逻辑"。行为逻辑是关于领导者如何解释他们的处境，并在他们的权力或安全受到挑战时做出反应的内在逻辑。托伯特的理论由七个行为逻辑组成。它们分别是：

- 机会主义者（Opportunist）：冲动和需求支配和主导行动。
- 外交官（Diplomat）：社会规范支配冲动和需求。
- 专家（Expert）：专业技艺支配社会规范。
- 成功者（Achiever）：系统有效性支配专业技艺。
- 再定义（Redefining）（之前被称为个人主义者）：个人察觉支配系统有效性。
- 转化（Transforming）（之前被称为战略家）：系统修正支配个人察觉。
- 炼金术士（Alchemist）：精神意义支配系统修正。

其中，"炼金术士"是最高层面的领导者行为逻辑。托伯特和他的团队对美国和欧洲 4000 多位领导者展开过评估，发现炼金术士非常罕见，其中只有 1% 的成年人能达到这样的行为逻辑。"炼金术士"的卓越之处在于他们能够以具有历史意义的方式更新或重塑组织乃至整个社会。

如果有人达到"炼金术士"的精神境界，会如何表现？托伯特是这样描述的：

- 他们持续练习自己的专注力，寻求对直觉、想法、行为和外部世界影响的相互作用的单环、双环和三环反馈；
- 立足包罗一切的当下，洞悉光明和黑暗、永恒模式的复制以及隐含意义的浮现；
- 直面矛盾，寻求协调矛盾双方；
- 有意图地参与到历史精神转型的工作中，共同创造那些重构形势的神秘事件；
- 濒死体验、自我身份瓦解、认为时间和事件是某种象征，可以作为类比，并带来隐喻的含义（而不仅仅是线性的、数字化的、字面的含义）。

初看上面的描述是非常抽象的。如果领导者有不同段位的话，"炼金术士"就代表了一种更高的段位。如同围棋选手可以发展到九段的技艺高度，或者有人会去挑战攀登地球上的最高山峰——珠穆朗玛峰一样，如果领导者能不断探寻，去理解"炼金术士"的真正含义，也就意味着这样的领导者有可能迈向更高的领导境界。

我在美国参加托伯特的行为逻辑认证时，有机会问托伯特这个问题："炼金术士是不是属于凯根所界定的自变（Self-Transforming）的意识范畴？"托伯特回答说，"炼金术士"超越了自变，是一种更高的意识模式。因此，我在开发"自变领导力发展训练营"时将"炼金术士"定位为"自变的超越期"。

托伯特的学生赫德曼·巴克博士也在授课中提到一个人可能模仿自变者的行为，但很难伪装出"炼金术士"的行为状态。

历史上的"炼金术士"

如果希望更好地理解"炼金术士",我们不妨回溯历史,看看历史上的"炼金术士"在做什么。

在中世纪的欧洲,炼金术开始兴盛,投入研究和实践炼金术的人就被称为"炼金术士"。"炼金术士"通过探究宇宙的奥秘,希望通过精神的力量来转化物质。

炼金术从古代就是非凡之人才会从事的工作。古希腊哲学家亚里士多德就是一名"炼金术士"。他的学说认为世界由四种基本元素构成:水、土、火、空气。物质社会的所有形态都由这四种元素根据不同的比例组成,只要施加恰当的外部影响与催化,泥土亦可变成黄金。

从现代的观点来看,欧洲的"炼金术士"带来了科学的进步。蒸馏术和黑火药处方的发明者都是欧洲著名的炼金术士。在16世纪,有一位著名的"炼金术士"叫菲利普斯·帕拉萨尔斯,他认为疾病存在于外部的某种载体上,寻找并等待着机会侵入人体。药物可以帮助抵御这些疾病,这是最早关于病菌的设想。此外,他还首次从实验中获得了一种"银灰色"的物质——锌,并第一个用酒精(alcohol)来称呼从葡萄酒中蒸馏出的液体。文艺复兴时期炼金术得到了进一步的发展,科学研究者从炼金术士中分离出来,催生了化学、天文学、心理学等学科。

但是古代的"炼金术士"并不总能成功,事实上他们成功的概率微乎其微。因此"炼金术士"也经常被认为是骗子或者是故弄玄虚之徒。这也让"炼金术士"的名声毁誉参半，很难辨别真伪。在当今的科学时代，"炼金术士"的形象往往被标签化为无知、愚昧和欺骗的象征。尽管如此，"炼金术士"仍带有浪漫主义的色彩，他们盲目探寻，孜孜以求，期待将"泥土化为黄金"。

然而，从另一个角度来看，"炼金术士"却是人类探索未知世界的先锋人物。他们充满想象力，富有探索精神，勇于在混沌中探寻规律。他们希望化腐朽为神奇，并不断尝试将物质和精神力量高度整合。正是由于他们的探索，催生了现代的科学，将人类带入了一个高度理性的世界。很多现代的科学家，我们也可以将他们视为现代的"炼金术士"。因为他们正在不断发现更广阔的宇宙奥秘，不断探索未知领域，期待寻求物质和精神规律的突破。若从更宽泛的视角来看，人类社会中总有那么一些人，他们不拘泥于既有教条，拥有无限的想象力，敢于提出超越常规的假设，并期待验证这些假设。而这样的精神和行动，才是推动人类社会持续进步的根本力量。

历史上最后一位"炼金术士"

如果在这样的"炼金术士"中选出一位杰出代表，你会发现他竟然是伟大的数学、物理和天文学家艾萨克·牛顿。

20世纪著名的经济学家凯恩斯是这样认为的："牛顿并非理性时代的第一人，但他是那些炼金术士中的最后一位，是巴比伦和苏美尔人中的最后一位，是用与一万年前起就开始建立我们知识遗产的人们同样的目光来观察这个大千世界的最后一个伟大的心灵。"

凯恩斯为纪念牛顿诞辰300周年写作过一篇纪念文章《牛顿其人》。他去世几个月后，其弟杰弗瑞·凯恩斯于1946年7月17日在剑桥三一学院宣读了这篇文章。

有意思的是，凯恩斯终生致力于牛顿手稿的研读和收藏。因此，他的这篇讲述牛顿一生的文章概括性地呈现了牛顿很多不为人知的地方。他打破了牛顿作为理性主义科学家的形象，而让人们了解到牛顿的神学和炼金术思想，并呈现出这些思想对于牛顿在数学和物理学方面的杰出创造的内在联系。

凯恩斯经过仔细研究大量牛顿手稿后，改变了对牛顿的看法。当牛顿在1696年离开剑桥时，他将自己在剑桥时期研究的手稿封存在一个箱子中，最后流传到了凯恩斯的手中。从这些手稿中，凯恩斯得出了这样的结论："牛顿不是理性时代的第一人。他是最后一位魔法师，最后一位巴比伦人和苏美尔人，最后一位像几千年前为我们的智力遗产奠立基础的先辈那样看待可见世界和思想世界的伟大心灵。艾萨克·牛顿，1642年圣诞节降生的遗腹子，是最后一位可以接受博士朝拜的神童。"

凯恩斯发现牛顿的文稿中"有一大类都是和炼金术相关——嬗变、哲人石和长生药"。而且，看起来牛顿在剑桥期间一直沉迷于其中而不可自拔。就在其撰写《原理》的那几年，每年的春季6周和秋季6周，他完全沉浸在炼金术的研究之中，他实验室的炉火几乎未曾熄灭过。而这些研究炼金术的文字达到"十万字"之巨，而且"完全缺乏科学价值"。

从凯恩斯的文章中，我们看到牛顿作为世界历史中最伟大的理性科学家的"炼金术士"内核。恰恰是这样的炼金术士精神造就了牛顿在科学史上的丰功伟绩。

其实，写作《牛顿其人》的凯恩斯，作为现代经济学中最有影响的经济学家之一，创立了宏观经济学，并深刻影响了现代经济社会的宏观运行模式。他的理论与弗洛伊德所创的精神分析法和爱因斯坦发现的相对论一起并称20世纪人类知识界的三大革命。从这个层面来看，凯恩斯也是一位"炼金术士"，他推进了人类对经济社会运行规律的认知，影响了成千上万人的生活。

凯恩斯就曾经说过，"经济学家和政治哲学家的思想，无论对错，其力量之大往往出乎常人意料。事实上，统治世界的就是这些思想。那些认为自己不受某些思想影响的实干者，往往是某个已故经济学家的奴隶。"

"炼金术士"的精神内核

从亚里士多德到牛顿和凯恩斯，我们会发现"炼金术士"的精神内核。在现代，"炼金术士"的炉火已经熄灭，但"炼金术士"的精神一直存在，并塑造了众多"炼金术士"领导者的行动。那么"炼金术士"的精神内核是什么呢？

首先，"炼金术士"代表了人类对于混沌世界的持续探索精神。

如果说混沌的世界是那些对于人类而言不可知的未知世界，那"炼金术士"恰恰就是在混沌世界中探索，并尝试揭示混沌世界潜在规律的人们。不管是牛顿，还是爱因斯坦，他们的理论假说把混沌的宇宙世界带入可知的范畴。

我们把类似于"人类从何而来""宇宙的起源""死亡意味着什么"这样的问题归属于"混沌"的问题。通常情况下，人们在面对混沌问题时，是茫然无措的。我们会选择逃避，而不去思考这样的混沌问题对于我们每个人的影响。而"炼金术士"领导者却对这些无法解答的课题兴趣盎然，他们通过提出对于混沌世界的合理假设，或者依靠智慧的远古信念来处理混沌世界带给人们的挑战。

荣格将这样在混沌中求解的过程称为"炼金术象征"，即"炼金术的过程象征着人从无意识到意识状态的逐渐启悟，从而达成对立面的和谐统一，并最终成为一个整合和独特的整体过程。"荣格本人也通过对于《易经》的研究，提出"同时性"的概念，尝试解释世界中普遍存在着的无法用因果律解释的事件。

因此，"炼金术士"代表了这样一种理念，即人的意识可以通过干预而改变。"炼金术士"精神是一种人类的高贵精神。我们的内在其实都拥有对世界无穷无尽的好奇心和探索改造精神。每个人都希望通过使世界变得更美好来最大限度地实现自己的价值。而将这样的内在充分焕发出来并愿意坚持践行的人就成为"炼金术士"级的领导者。

其次，"炼金术士"级的领导者更希望用思想来改变物质世界。

"炼金术士"的领导者会从日常的工作中解脱出来，而更加专注于构建思想的影响力。不管他们是否真正意识到，他们的思想最终改变了他们希望改变的物质世界。例如，任正非改变了华为，并塑造了华为的诸多精神内涵，甚至影响了中国企业界对于企业经营管理的看法。

由于"炼金术士"级别的领导者更加专注于思想的创造和传播，他们的身份感会逐渐瓦解。他们开始退出核心的领导岗位，更少地处理日常的业务工作，更多地关注思想的锤炼和输出。你很难用一个单一的身份来界定这样的领导者。他们的身份非常多元但又没有一个凸显的身份特征。他们本人也并不看重自己的身份归属。他们对于时间的看法也发生了本质的改变，从而在某种层面摆脱了时间和空间的束缚。他们会更加看重人类的精神困境。由于能够触及人类更高的精神境界，他们深刻意识到人类精神转型的必要性，因此他们会主动参与到人类精神转型的活动中，尝试转化人们的思想和精神。

因此，"炼金术士"级别的领导者具有更加深刻的目的感。

按照托伯特的行为逻辑界定，"炼金术士"领导者能够为组织和社会界定超愿景（Super Vision）。他们不仅能够提出具体的组织目标和愿景，还可以通过自己的思想让更多的人洞悉生命的意义，揭示人们存在的更加深刻的目的感。

"炼金术士"领导者

很多人会提出这样的问题，作为普通人，我们永远也无法成为像一些国际知名大企业家那样的领导者。这样的问题反映了人们普遍的"金色阴影"（那些我们选择压抑到潜意识的优秀特质）。人们并不相信自己就有"炼金术士"的精神内核，因此，我们选择性地压抑和丧失了自己内在的思想创造力和探索未知的好奇心。在很多组织中，由于缺乏"炼金术士"级的领导者，我们很容易观察到组织中的管理者和员工会更多关注现实物质的满足而忽略人生意义的探索；会选择性地逃避对于未知世界的理解，抗拒建立更加深刻的信仰和价值观体系；组织中的管理者也会很难理解如何推动组织思想的转型，在重塑组织和文化面前倍感无力。要解决这些难题，首先需要让更多的管理者开始理解"炼金术士"领导者的精神内涵以及让更多管理者意识到他们可以成为更高层面的领导者的可能性。

谈谈我个人的体会，当逐渐理解"炼金术士"的含义时，我开始感知到自己从事的领导力发展（心智进化）的精神意义。从某种层面来说，我们在不断推动的领导者心智进化就是在帮助领导者实现精神层面的转型。因此在每一次分享"自变领导力"、每一次讲课、每一次和客户沟通时，我逐渐感知到推动精神转型的越来越强大的意义感。有一次，当我和一位顾问结束了客户沟通后，他评价说我在分享"自变领导力"时就像是一位"传教士"。这样的状态可能就是从我开始理解"炼金术士"的精神内核开始的。因为在这个过程中，我体会到了：

- 在构建使命和愿景时，我们的目标不应仅限于设定一个未来五年或者十年后要实现的业务目标，更重要的是要能从这样的愿景中挖掘出其中蕴含的深刻意义和目的；
- 当这种深刻的意义感能与我们日常的工作和生活紧密相连时，它将成为驱动我们行动的内在核心动力；
- 能够感受到这种力量的人，其精神得以跨越时空的束缚。时间感消失了，我们会感知到未来的使命和愿景与当前的工作场景是高度合一的；
- 我们的视野也随之拓展，我们看到的不仅仅是现在的工作、同事、客户，我们还可以更容易地把我们的行动和更广大的人群乃至整个社会和人类关联起来；
- 由于我们的视野拓展了，具备这样思想维度的人并不觉得自己在做一个具体的工作，因此身份感和控制感随之淡化甚至消失，从而能以更广阔的思想维度尝试影响现实世界。

奥托·沙默是麻省理工学院斯隆管理学院的高级讲师和U型理论的提出者。他创立了MITx u-lab，并于2020年创立了"全球激活意图行动"，试图激活一个充满活力的全球转型变革生态系统。这个系统涉及来自200个国家的数十万用户。这就是当代"炼金术士"的代表，他并不位高权重，也没有创立数百亿美元估值的企业，但是他通过思想推动了成千上万人的思想转型。

因此，如果我们不断探索，每一位领导者都可以发现自己的"炼金术士"的精神内核，每一位领导者都可能成为"炼金术士"级别的领导者。正如雨果在《巴黎圣母院》描述的炼金术士克劳德·弗罗洛的炼金房的风箱上的铭言所说的一样："Spira，Spera"（只要有呼吸，就有希望）。

第 7 章

善用冲突,激发组织能量

和平并不是没有冲突,而是你拥有应对冲突的能力。

——甘地

人类之间的交流可能是地狱,或可能是伟大的灵性练习。

——埃克哈特·托利

心智整合 MIND INTEGRATION AT WORK ▶

"冲突"被贴上了不良的标签

当埃隆·马斯克以 440 亿美元收购推特（Twitter）后，他抱着一个水槽走进了推特总部。这是马斯克的行为艺术，就是为了引起人们的关注也预示着他将给推特带来破釜沉舟的改变。按照马斯克的行事风格，这样的变革肯定是充满冲突的。马斯克接下来裁掉了管理层，将员工从 7500 名降到了 1500 名；随后，他将 Twitter 更名为 X，启动了一个打造类似微信超级应用的业务战略。马斯克的一系列操作是充满争议的，让员工和公众感到诧异，很多员工愤愤不平，公开谴责马斯克。这些举措也的确改变了推特，一年之后，X 以 20% 的人力支撑了之前的业务，并实现了盈利。

冲突并不只发生在马斯克戏剧化收购推特这样的事件中。事实上，冲突无处不在。冲突发生在人与人之间、不同的群体之间以及各个群体内部。但所有的冲突首先发生在人的内心。人内心的恐惧、不安、愤怒、嫉妒、傲慢无法抑制，最终造成了人和人之间的冲突、群体之间的冲突、社会的冲突乃至国家的冲突。正如美国心理学家卡伦·霍尼在《我们内心的冲突》一书中所阐述的那样："所有的恐惧都源自未解决的冲突。但只要最终目标是整合人格，我们就不得不直接面对这些恐惧。此外，这些会阻碍我们面对自我，这些暂时的苦难，是我们得救的必由之路。"她也说道："主动去体验冲突，确实有可能会让人觉得很难过，但这却是一种才能，而且非常珍贵。想要让自己的内心获得更多的自由以及更强大的力量，就必须要在遭遇冲突时，拿出勇气去面对它，同时尽量去寻找解决办法。勇气越大，自由和力量来得越快。

只有当愿意承受打击时，我们才能有希望成为自己的主人。虚假的冷静植根于内心的愚钝，绝不是值得羡慕的，它只会使我们变得虚弱而不堪一击。"

我们习惯给"冲突"贴上不良的标签。大部分的冲突，尤其从被动接受方来看，都是不好的、负面的。但其实冲突本身无所谓好与坏，很多时候，冲突是组织、人际和个人内心动能的一种体现。冲突中往往孕育着期待和新的机会，冲突也可以带给我们新的变化。

人类的战争，作为冲突的一种极端表达，尽管被我们所普遍反对，但历史上的战争的确推动了人类社会和科技的进步。第一次世界大战期间，英国为了防御德国的飞机空袭，急需一种能够探测并预警的设备。于是，雷达技术应运而生，并在之后得到广泛应用和发展。在第二次世界大战期间，为了满足战争对高速、高机动性飞机的需求，喷气式飞机得到了快速发展。这种新型飞机不仅改变了战争的局势，也推动了航空技术的巨大进步。也是在第二次世界大战时，由于伤员众多，对抗感染的需求迫切，青霉素的发现和应用拯救了无数伤员。这一医学领域的重大突破，不仅改变了战争中的医疗救治方式，也对后来的医学发展产生了深远影响。战争同时也改变了政治格局。第二次世界大战后，联合国应运而生，从而奠定了直到现在还在运行的世界政治治理模式。我们可以看到，冲突带来的并不全是负面效果。长远来看，冲突可能带来的反而是积极的成果。

缺乏冲突对于组织并不是好的状态

冲突是不相容的对抗状态。冲突包括战争、政治争端、目标分歧、情绪对抗等。陷入冲突的双方可能对冲突有完全不同的看法。当一方认为陷入激烈冲突时，另一方可能以为只是意见不一致而已。

组织中的冲突源于价值观、隶属关系、角色、职位和地位的差异。组织冲突中蕴含着多种动能，这些动能既可能带来挑战，也可能成为推动组织变革和进步的重要力量。组织中的冲突带来很多负面的影响，如破坏组织氛围、降低工作效率等。但冲突的积极面可能更大。《企业生命周期》的作者伊查克·爱迪思甚至认为："冲突是出色的团队协作中必要的、不可或缺的组成部分。缺少冲突会在不知不觉中导致组织功能失调。短期看，缺少冲突是很舒服的状态。但从长期看，这种状态只会导致死亡。"

如果我们理解到冲突的积极作用，并希望在组织中善用冲突时，我们首先需要了解冲突的不同类型和性质。在组织内部，冲突可被划分为任务冲突（人们在设定工作目标和确认具体工作内容时产生的冲突）、关系冲突（人和人之间由于观点、情绪等差异导致的冲突）以及过程冲突（在完成工作的过程中就工作方式产生的冲突）。冲突也可以被定性为"良性的冲突"和"破坏性的（不良的）冲突"。大致而言，人们比较容易在讨论任务和目标中将冲突设定为良性的和建设性的；关系冲突往往具备破坏性；过程冲突很容易被演变为关系冲突，从而产生不良的影响。

那我们在组织中该如何构建建设性的冲突机制？组织的领导者可以考虑不同因素，包括冲突的性质、类型、冲突中的情绪、冲突的强度等，尝试管理冲突，将冲突转化为良性的、能焕发组织动能的冲突。如果我们认可在设定战略和目标时，冲突可能更具建设性。领导者就应该鼓励组织成员就战略和目标内涵、完成方法和完成途径等表达不同意见，展开意见交锋，从而让组织成员更加深入分享信息，并就战略、目标和任务的背景和性质加深理解。这样的任务冲突有助于团队提升决策质量，并提高成员对目标的理解度和执行度。

华为的"红蓝军对抗"就是一种巧妙的组织冲突设计。华为的"蓝军参谋部"在2006年成立，"蓝军"的职责是对抗"红军"的执行战略和方案，考虑未来怎么把华为"打倒"。华为"蓝军"采取逆向思维，从不同的视角观察公司的战略与技术发展，论证"红军"战略、产品、解决方案的漏洞和问题并模拟对手的策略来对抗"红军"。任正非认为"蓝军"就是要想尽办法来否定"红军"。"蓝军"会以外来者的角度去观察、分析"红军"制定的战略，找出它们的缺点和不足。通过"红蓝军"在战略、目标和任务维度上的直接冲突，华为得以建立内部的自我批判机制，提升决策质量，深化组织内部对于战略决策的理解，并激发了组织的动能。"红蓝军对抗"的设计将任务冲突作为一种组织形式引入组织内部，又最大限度地避免了人际冲突，堪称利用冲突激发组织动能的绝妙案例。

人际冲突中的"受害者心态"

当然，人际冲突和过程冲突在组织中也大量存在。领导者需要特别关注管理人际冲突和过程冲突，因为这些冲突往往带来负面效果，影响组织氛围和效能。关系冲突会导致人际压力和沮丧感。关系冲突一旦产生，成员的压力、焦虑感都会大大增加，成员之间会变得更加不信任，直接影响工作积极性和投入度。

在人际冲突中，组织成员提出的想法或观点遭到驳斥时，他们常常不会认为自己的想法不对，而是会认为他人心怀恶意，从而将责任推卸到他人身上。当组织成员之间彼此缺乏信任时，他们就会陷入恶性循环，从而加剧情感上的冲突。因此，人们非常容易在人际冲突中陷入"受害者心态"。冲突一方认为冲突的另外一方是在故意压迫自己，从而产生了"受害者情节"。这就是我们常常描述的受害者三角戏（受害者—加害者—拯救者）：在冲突中，双方很容易感觉到自己都是"受害者"，是无辜的；或者弱势的一方感觉自己是"受害者"，而强势的一方是"压迫者"（加害者）。受害者往往期待有一位更加权威的人充当"拯救者"。陷入"受害者心态"的个体常有的行为特征就是"习得性无助"——他们的内心是痛苦的，但又将责任推给了别人，"这不是我的错""我是无辜的""我在这个过程中受到了伤害，却没有人能够帮助我"。而冲突中的强势一方可能也具备了"迫害者"和"拯救者"的自恋自负心态，他们的内心戏是"我就是对的""你必须听我的，服从我""我是来帮你的，拯救你的"。可惜的是，这样的心理状态并不能有效帮助人们化解冲突，反而会强化人际之间的矛盾和挑战。

从心理学上，化解"受害者心态"的方法是需要让陷入人际冲突的双方从观念和行动上更多地担当起"责任者"（在冲突中我承担我的责任）、"创造者"（我可以创造性地解决冲突）和"行动者"（我有办法来行动并解决冲突）。

要扭转冲突中的"受害者心态"，陷入冲突的个体可以自问以下问题来梳理自己在冲突中的内在观念：

- 当面临外部冲突时，我内心的冲突是什么？
- 当面临冲突时，我会感觉到的情绪有哪些（委屈、不公、愤怒、骄傲……）？
- 我在冲突中有没有感知到自己陷入"受害者心态"中？我感觉到委屈、不公、无助、难过等情绪了吗？
- 如果我是冲突中的当事者，我应该在这样的冲突中承担什么样的积极角色（责任者/行动者/创造者）？
- 我可以改变自己的什么观念来有效管理和化解冲突？
- 我可以如何行动来管理冲突？

心智成熟的领导者不会以"受害者"或者"压迫者"自居，他们不喜欢抱怨、发牢骚和推卸责任，也不同情他人的抱怨和牢骚。他们会主动承担，成为行动者和创造者。他们会在组织中宣传更有效管理冲突的理念，并建立机制，从而让冲突可以向更加良性的维度发展。

任正非在华为早期快速成长时期发现大家帮派林立，意见不一，时常爆发出冲突。这时，他邀请外部顾问进入华为，花费了大量时间建立"华为基本法"，并在组织内部展开大讨论。当"华为基本法"推出后，他发现组织的理念更趋于一致，很多问题得到了解决。可见，当任正非面临组织挑战和冲突时，并不是单纯地将问题归咎于团队和他人，而是成为行动者和创造者，通过建立"华为基本法"来解决组织的问题和挑战，成功化解了冲突。

如表 7-1 所示，我列出了几个典型的组织冲突情景。管理冲突可以从管理"受害者心态"出发，转化内在的观念，从而承担责任，创造性地化解冲突。

表 7-1 组织冲突情景的管理和观念转化

冲突问题	受害者	加害者	责任者	行动者心态	创造者心态
公司裁员	我作为员工被裁肯定是受害者	员工没有价值时需要被裁掉	我有专业和价值，在任何地方都可以体现出来	我可以在每一个组织中创造出我的价值	我可以通过创新来适应组织变革，提升我的个人价值创造
跨部门的协作冲突	其他部门不配合我们的工作；其他部门在压迫我们	我是对的，我是专业的，其他部门需要配合我们的工作	其他部门的工作开展需要我的部门支持	我可以找到解决方案，化解我们的跨部门分歧	我可以创造跨部门双赢的局面，我可以建立跨部门协作的有效机制
因工作出错而被同事、客户责备	公司同事不支持我；客户老挑刺；我之前没有想到过（因此出错了）；最好不要被发现我出错了	你总是一错再错	我对我犯的错误承担责任	我分析出错原因，并找到自己在心态、能力等方面的不足之处并改进	我把每一次错误和失败当作学习的机会，让我能够成长

管理冲突从提升心智开始

实际上，领导者间的心智差异，致使他们对冲突秉持着截然不同的见解。若要有效驾驭并运用冲突，首要之务便是转变心智的固有观念。依据心智发展的内在规律，冲动/工具型领导者往往渴望在冲突中迅速获得直接裁决，明确区分谁对谁错；社会化型心智的领导者则更倾向于在冲突面前回避或顺从，却将其粉饰为"我崇尚和平"。自主—专家型领导者虽心怀解决冲突之志，却可能欠缺系统而有效的解决之道。自主—成就者型领导者能凭借系统方法应对特定冲突，但总体上对冲突仍持有负面或排斥的态度。唯独自变型领导者，因能深入洞察冲突的本质，更擅长将组织中的冲突转变为宝贵的学习契机，并善于通过组织内部的精妙设计，巧妙运用冲突来激发组织的蓬勃动能（如图 7-1 所示）。由此可见，唯有不断提升心智和认知水平，我们方能洞察冲突的多重效能，并善加利用。

在中国的文化中，很多人都信奉"和为贵"的基本原则，因此，在中国人的骨子里就有避免冲突的基本诉求。回避冲突是大部分中国人的天性。所以在组织中，很多没有历练的管理者都不善于面对冲突，更不要说有效地管理冲突了。

心智阶段	领导者如何化解冲突
冲动/工具型	组织领导人通过权力控制裁决冲突
社会化型	组织成员对冲突逆来顺受，旁观或者逃避
自主—专家型	希望找到解决方案
自主—成就者型	考虑多方利益，给出综合解决方案
自变型	将冲突转化为机会，从中学习和焕发出新的动能

05 自变型
04 自主—成就者型
03 自主—专家型
02 社会化型
01 冲动/工具型

图7-1　不同心智领导者如何处理组织冲突

要学习如何管理组织中的冲突，就需要改变我们对于冲突根深蒂固的传统看法并建立一些全新的认知，如：

- 冲突并不一定是负面的；
- 回避冲突的想法可能是错误的；
- 我可以管理自己内心的冲突，在冲突中我既不是受害者，也不做加害者；
- 我能通过行动创造性地管理外部冲突；
- 冲突中孕育着机会和动能；
- 我需要学习如何管理冲突并利用冲突焕发组织动能。

创造管理冲突的容器

领导者需要认知到组织中的冲突可以暴露组织内部的问题。当组织内部出现冲突时，往往是因为某些方面存在问题或不满。这些冲突可以促使组织成员更加深入地探讨问题的本质，寻找解决方案，并推动组织朝更好的方向发展。

同时，组织冲突能够激发创新和创造力。在冲突的过程中，不同的观点和意见得以交流和碰撞，这有助于产生新的想法和解决方案。这种创新和创造力对于组织的长期发展至关重要，可以帮助组织适应不断变化的环境和挑战。

组织冲突还能够加强团队协作和沟通。在解决冲突的过程中，成员们需要共同努力、相互协作，这有助于加强团队之间的合作和沟通。通过有效的沟通和协作，团队成员可以更好地理解彼此的需求和期望，从而提高整个组织的效率和绩效。

优秀的领导者都善于在组织内部推进文化实践活动，创造管理冲突的"容器"。这些"容器"不会让冲突外溢为情绪冲突和人际冲突，同时又能够有效激发创新想法并焕发组织动能。华为的"红蓝军对抗"，阿里的"裸心会"，桥水的"纠纷解决器""集点器"等都是非常优秀的管理冲突的"容器"设计。

因此，领导者应该看到组织中的冲突蕴含着巨大的潜能。它可以激发灵感、启迪认知、促进学习并成为组织成员成长的源泉。在冲突面前，领导者不应该选择逃避或希望一劳永逸地解决，真正的领导者必然是行动者和创造者，他们总能通过探索和尝试在冲突中挖掘出巨大的组织能量。

第 8 章

心智越成熟，视野越宽广

　　我的主要法则是：每个人都是对的。意即，每个人，包括我，都手握真相的断片，所有断片都重要，都要珍重，我们应当更恩义、更豁达、更悲悯地揽之入怀。

——肯·威尔伯

　　这个世界，其实就是一个大念头。

——杨定一

食品危机事件中的利益相关者视角

2024年,某媒体曝光了部分油罐车在装载食用油和化工液体时,未进行彻底清洗,甚至存在混装现象。这一消息迅速引发了公众对食品安全的担忧。该事件涉及中储粮油脂(天津)有限公司和汇福粮油集团等大型企业。相关企业随后表示,被曝光的油罐车并非公司所有,公司成品罐装油质量过关,且公司没有自主的油罐车,是客户派车来自提产品的。国家有关机构,包括国务院食品安全办公室马上组织相关部门成立了联合调查组彻查食用油罐车运输环节有关问题。

随着消息的发酵,公众发现油罐车混装问题并非首次曝光,早在2005年和2015年就有媒体曝光过类似问题。此次事件再次将这一问题推向公众视野,凸显了行业监管的不足和运输环节的漏洞。事件曝光后,舆论哗然,公众对食品安全的担忧进一步加剧。涉事企业的产品销量受到影响,消费者开始更加关注食用油的来源和运输方式。

和多年前的三聚氰胺毒奶粉事件一样,油罐车混装食品油的事件是一起严重的食品安全事件,涉及多个企业和运输环节。

对这样的事件不同人有不同的观点和看法。如果从企业管理的角度来看,这样的事件的确反映了企业普遍缺乏利益相关者的广泛视角。大部分企业仅仅关注自身企业运营和盈利,忽视消费者(客户)的根本利益,也缺乏对于合作伙伴、供应商等利益相关者的有效关注和管理,才导致了类似事件在国内不断发生,甚至长期存在而得不到根本的改变。

领导者需要学习利益相关者理论

利益相关者理论提出于 20 世纪 60 年代，利益相关者（Stakeholders）的理论认为，企业在追求经济目标的同时，也需要关注并回应利益相关者的需求和期望。1929 年美国纽约股市大崩溃后，人们开始反思公司是否有义务对其他利益主体负责，这标志着利益相关者理论的萌芽。人们开始关注股东以外的其他利益主体，如雇员、供应商、消费者。有学者，如多德（Dodd），在 1932 年提出，董事除对股东利益负责外，还应对其他利益主体负责，这一观点为利益相关者理论奠定了基础。在 1963 年，斯坦福研究所首次明确提出了"利益相关者"的定义，即"对企业来说存在这样一些利益群体，如果没有他们的支持，企业就无法生存"。瑞安曼提出了较为全面的利益相关者的定义，即"利益相关者依靠企业来实现其个人目标，而企业也依靠他们来维持生存"。这一定义使得利益相关者理论成为一个独立的理论分支。

在 1984 年弗里曼出版了《战略管理：利益相关者管理的分析方法》一书，他在书中明确提出了"利益相关者管理"理论。他认为，"利益相关者是能够影响一个组织目标的实现，或者受到一个组织实现其目标过程影响的所有个体和群体"。这些个人或群体包括内部利益相关者，如股东、公司管理层、员工、债权人等；外部利益相关者如供应商、客户、竞争对手、消费者等，远端的利益相关者，如政府、社区、环境、公众、媒体等。他们也可以按照具备市场属性和非市场属性来划分（如图 8-1 所示）。

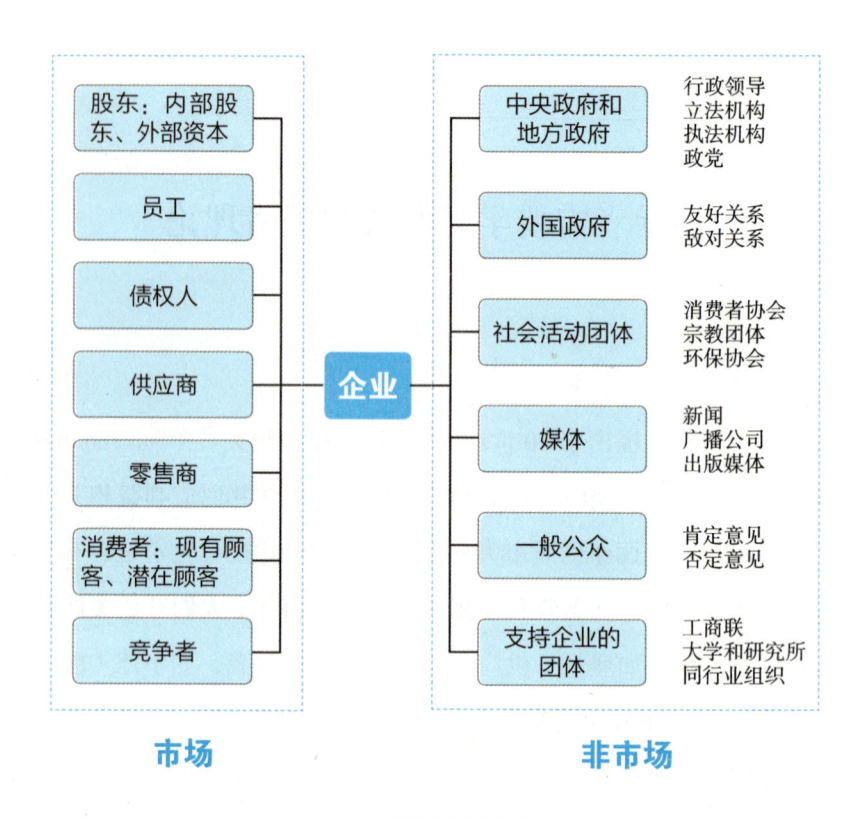

```
市场                                非市场
┌──────────────────┐              ┌──────────────────────────────────┐
│ 股东：内部股     │              │ 中央政府和      行政领导          │
│ 东、外部资本     │              │ 地方政府        立法机构          │
│                  │              │                 执法机构          │
│      员工        │              │                 政党              │
│                  │              │                                   │
│     债权人       │              │ 外国政府        友好关系          │
│                  │              │                 敌对关系          │
│     供应商       │── 企业 ──────│                                   │
│                  │              │ 社会活动团体    消费者协会        │
│     零售商       │              │                 宗教团体          │
│                  │              │                 环保协会          │
│ 消费者：现有顾   │              │                                   │
│ 客、潜在顾客     │              │     媒体        新闻              │
│                  │              │                 广播公司          │
│     竞争者       │              │                 出版媒体          │
└──────────────────┘              │                                   │
                                  │    一般公众     肯定意见          │
                                  │                 否定意见          │
                                  │                                   │
                                  │ 支持企业的      工商联            │
                                  │    团体         大学和研究所      │
                                  │                 同行业组织        │
                                  └──────────────────────────────────┘
```

图 8-1　利益相关者的划分

阿里巴巴自成立以来，一直受到政府的支持。但从 2020 年后，阿里巴巴接连遭遇政府监管部门的调查和罚款，最大一笔罚款达到 182 亿元。而华为最近十年来一直遭遇美国政府的封堵和制裁。可见，不管是中国政府，还是美国政府，都可能是阿里巴巴、华为这样的大型公司的远端利益相关者。这些远端的利益相关者往往在平时并不被企业经营者重视，但当他们突然发力时，有可能对企业的命运造成本质性地改变。

从上述的食用油运输危机事件中，我们可以看到，这个事件涉及了多方的利益相关者。涉事企业在平时的运营中甚至意识不到它们的影响力，并忽视很多利益相关方的利益诉求。但当危机事件发生时，他们甚至可以决定这些遭遇危机的企业的未来存亡。

- 公众（消费者）：可能的食用油的直接消费者，可以选择用或者不用某个品牌的产品，并参与舆论对于相关企业的声讨和谴责。
- 政府：担当监管的职责，一旦发生涉及公众的危机事件，会介入调查并惩戒涉事企业。
- 运输卡车司机（公司）：管理松懈，缺乏食品安全意识，也可能在运输中为省钱，而故意不清洗车辆油罐。侧面暴露了涉事企业对于供应商管理缺乏有效方式，或者存在压榨运输供应商的利润空间的可能，从而导致了这样的恶性事件的发生和长期存在。
- 媒体：以某媒体发出报告为开端，大量其他媒体参与相关报告和讨论，导致公众对于本次事件的普遍关注。
- 当事企业董事会和管理层：缺乏利益相关者视野，忽视多方利益相关者的利益，缺乏有效管理和监管，在事件发生后，并没有从根本上制定制度来杜绝类似事件的持续发生（如图 8-2 所示）。

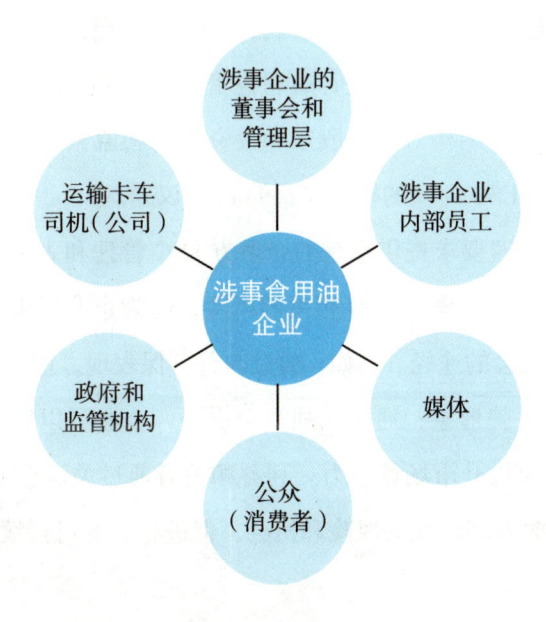

图 8-2 食用油安全危机事件中的利益相关者

心智整合 MIND INTEGRATION AT WORK ▶

ESG，在乎者赢

当我们探讨利益相关者理论如何有效落实时，ESG 就是当今社会落实利益相关者理论的非常好的一个社会实践。ESG 是环境（Environmental）、社会（Social）和公司治理（Governance）的缩写，是一种关注企业在环境、社会和治理三个方面的非财务绩效的投资理念和企业评价标准。在这些维度上，ESG 模式不仅仅关注企业自身运营的利益相关者，还拓展到了政府、社会和环境等更广泛的利益相关方。ESG 的核心关注点与利益相关者的利益高度一致。例如，环境方面关注企业的环保表现，这直接关系到社区和广大公众所在环境的利益；社会方面关注企业的社会责任，如劳动权益、健康与安全等，与员工、客户和社区等利益相关者的利益密切相关；公司治理方面则涉及股东权益保护、董事会结构等，与股东和投资者的利益紧密相关。如图 8-3 所示就是 MSCI 关于 ESG 评级的模型涉及的 ESG 议题。

上市公司被普遍要求提供系统的企业方 ESG 管理和表现报告，这些报告不仅帮助公司识别和管理与 ESG 相关的风险，还为企业提供了发现和利用与 ESG 相关的商业机会的途径。例如，通过改善环保表现，企业可以降低成本、提高效率并提升品牌形象；通过加强社会责任，企业可以增强员工忠诚度和客户满意度，进而提升市场竞争力。利益相关者通过关注企业的 ESG 表现，可以帮助企业及时发现潜在的风险和机会，促进企业的可持续发展。

ESG 评级

环境支柱				社会支柱				治理支柱	
气候环境	自然资本	污染和废弃物	环境机遇	人力资本	产品责任	利益相关者异议	社会机遇	企业治理	企业行为
碳排放	水资源短缺	有毒排放和废弃物	清洁技术机遇	劳工管理	产品安全和质量	争议性采购	融资可得性	所有权和控制权	商业道德
产品碳足迹	生物多样性和土地利用	包装材料和废弃物	绿色建筑机遇	健康与安全	化学安全性	社区关系	医疗保健服务可得性	董事会	税务透明度
影响环境的融资	原材料采购	电子废弃物	可再生能源机遇	人力资本开发	消费者金融保护		营养和健康领域的机会	会计	
气候变化脆弱性				供应链劳工标准	隐私和数据安全			薪酬	
					负责任投资				

图 8-3 ESG 评级模型

从历史的角度来看，ESG（环境、社会和公司治理）的发展和演化经历了多个阶段。随着全球环境和社会问题的日益突出，投资者开始关注企业的社会责任和环境影响。1989 年，联合国发布了《我们共同的未来》报告，首次提出了可持续发展理念，为 ESG 的兴起奠定了思想基础。20 世纪 90 年代，一些投资者开始关注企业环境和社会责任的表现，ESG 理念逐渐萌芽。一些品质优良的企业开始尝试建立自己的 ESG 管理体系，以规范企业的行为并提高其透明度。进入 21 世纪，ESG 逐渐成为全球范围内的热门话题。2004 年，联合国全球契约组织、国际金融公司和瑞士政府联合举行的会议倡议金融机构将环境因素、社会因素和治理因素纳入投融资决策中。同年 12 月，联合国发布了《在乎者赢》报告，首次提出了 ESG 概念。2006 年，联合国支持的负责任投资原则（PRI）组织成立，进一步推动了 ESG 投资理念的普及。随着 ESG 理念的推广，一些国际组织和行业协会开始制定 ESG 相关的标准和指南，如 ISO 26000 社会责任标准、SASB 可持续发展会计准则等。这些标准和指南的出台，使得 ESG 管理变得更加规范化和系统化。近年来，ESG 理念已经深入到了企业的各个层面。从战略规划到日常运营，从产品研发到市场营销，ESG 都已经成为企业不可或缺的一部分。企业开始将 ESG 理念与自身的核心业务深度融合，以实现可持续发展的目标。随着全球对可持续发展的重视程度不断提高，ESG 已成为投资和企业运营的主流。政府和监管机构开始更多地介入 ESG 领域，推动相关的立法和规范。随着全球环境和社会问题的不断变化和演进，投资者和企业将更加注重 ESG 因素在投资决策和运营管理中的重要性，推动全球经济的可持续发展。

意识越成长，视野越宽广

虽然有理论的发展和 ESG 的实践，我们也看到不同的国家、组织（企业）和企业管理者对于利益相关者的看法和处理方式存在非常大的差异。其实这背后的主导因素就是组织和个体领导者心智发展的内在规律。不同心智的组织和个体对于利益相关者的看法本质上差别很大：

- 冲动/工具型的组织和个体领导者往往是独断的，他们追求企业（或者个人）利益最大化，排斥其他利益相关者。（如三聚氰胺事件中的很多奶粉企业）
- 社会化型的组织和个体领导者能够识别共同利益相关者，结成利益联盟，依赖内外部资源，但往往对外具有排他性。（如本次食用油事件中的粮油企业）
- 专家型的组织和个体领导者看待利益相关者具有专业导向，他们会选择性地关注利益相关者或者更愿意独善其身。（如最近在中国陷入审计危机的会计师事务所普华永道）
- 成就者型的组织和个体领导者能够整合相关联的利益相关者，结成伙伴关系，争取绩效的最大化。（如阿里巴巴）
- 自变型的组织和个体领导者具备延展的，更加广泛地内外部利益相关者视角，并能够知行合一，更广泛地关注和管理多方利益相关者的诉求。（如微软和华为）

人类的意识进化经历了漫长的过程，从最初的简单自我意识，到逐渐发展出复杂的情绪、思维和意识内容。这种进化不仅源于人类大脑的复杂性和神经系统的发展，还受到人类社会和文明进步的影响。而无论是领导者还是组织的意识进化也是一个渐进的过程，这里面有自然的发展，也有成长的努力，当然还有社会、科技、技术等演化带给组织和领导者的影响。

1968年，当人类首次离开地球，宇航员从外太空的视角观察到了我们的家园——地球，它从一个我们世代居住的主体，转变为了一个可以客观观察和感知的客体。这一时刻标志着人类意识的觉醒。有人认为，现代环境运动的起源可以追溯到二十世纪六十年代，那时，卫星首次将地球的全貌图像传送回人类手中。我们得以从心理上"进入太空"，审视我们赖以生存的那颗脆弱星球。这一转变，使我们在认知和观念上发生了根本性的变化。我们开始以客体的视角看待地球，而不再仅仅作为地球生物融于其中。这种转变在某种程度上打开了我们的心扉，使我们开始以一种前所未有的方式关心地球的整体状态和环境。这不仅是个人心智的提升，更是整个人类心智的飞跃。这一转变，是从主体到客体的跨越，是从被影响、被控制、被拥有，到我们能够全然观察、拥有和影响的过程。它代表着人类意识的成长和蜕变，催生了新的认知，打开了我们的心灵，赋予了我们更强大的能力去关心我们所见之物。因为，当我们身处主体之中时，往往难以察觉其全貌；而当我们以客体的视角去观察时，便能开始关心它，并为它承担起责任。这就是意识进化带给我们的深刻改变。

总体而言，不管是人类，还是个体的组织和领导者，"我们"围绕利益相关者的意识进化呈现了一些如下的发展规律。

从个体到群体

在成长初期，我们主要关注自身的需求和利益，但随着意识的进化，个体开始意识到自身与他人的关系，以及个体行为对群体的影响，从而形成了群体意识。我们开始关注并尊重群体内其他成员的利益。这种群体意识的形成，使得人们在认知利益主体时，不再局限于个体，而是将他人视为重要的利益主体。

从单一到多元

随着社会的复杂化和多元化，利益主体也呈现出多样化的趋势。除了传统的个体、家庭、企业等利益主体外，还出现了政府、非政府组织、环保组织、消费者群体等多种新型利益主体。因此，我们都在逐渐拓展自我认知的边界。意识的进化使得我们能够更加全面地认识和理解这些多样化的利益主体，并意识到它们在社会发展中的重要性和作用。我们也开始关注并尊重这些不同利益主体的需求和利益，努力在多元利益主体之间寻求平衡和协调。

从短期到长期

在意识进化的早期阶段，我们可能更多地关注眼前的、短期的利益。然而，随着意识的提升和社会的进步，我们开始意识到短期利益的局限性和不可持续性。为了实现可持续发展和长远利益，我们开始更加关注并重视长期利益。这种转变使得人们在认知利益主体时，不再仅仅局限于当前的、直接的利益主体，而是将未来的、间接的利益主体也纳入考虑范围。

心智整合 MIND INTEGRATION AT WORK ▶

中国企业的利益相关者认知和实践任重道远

总体而言，中国企业和领导者的利益相关者意识处于中等水平。上市公司在执行 ESG 报告过程中，容易形式化、表面化，并没有真正将 ESG 的实践落实到位。另外，很多企业还缺乏利益相关者的意识和认知，更不要说在具体的业务事件中有效兼顾各方利益相关者的诉求了。显然，中国的企业和领导者需要从认知、价值观转换和行动实践维度逐渐深化他们对于利益相关的理解，杜绝伤害利益相关者的行为，着眼于长远和更大的格局考量，从而为中国企业带来长期的竞争优势。

意识的转变

因循意识和心智发展的规律，组织和领导者应该意识到自己和组织所处的心智阶段。他们需要感知到自我利益相关者视角的局限，从而向更高的心智来迈进。这样的发展规律其实很明确。就是从个体利益拓展到群体利益考量，从单一利益诉求到兼顾多元利益诉求，从短期利益迈向长期利益探询。

价值观和工作原则的转变

其实，我们的社会和很多企业都倡导公平、正义、平等、包容的价值观。在考虑利益相关者的过程中，组织和领导者不应该表面化这些价值观，而是应该真正思考如何将这些价值观和日常工作和业务关联起来。如：真正倾听消费者的声音；在利益分配上关注员工和供应商等利益相关者的利益，而不是一味追求利润最大化和销售的增长；思考如何做到对不同利益主体差异的尊重和理解。

行动模式的改变

不管是上市公司还是非上市公司，ESG 提供了一个完整的利益相关者行动框架。因此，依循 ESG 框架，组织可以建立完整的实践活动来落地利益相关者战略和行动。

联想在 MSCI 的 ESG 评价中获得了 AAA 的最高评级。联想于 2022 年实现了全产品生命周期减碳的实践闭环，形成了与生产经营、价值链紧密关联的实践做法。他们在产品设计、生产、使用及生命周期充分考虑环境因素，发展循环经济，进行产品生命周期末端管理。支持产品和部件的再利用和循环再利用，减少报废电子产品的填埋量。不断再利用、翻新、再生制造、回收、分解、循环再利用过期产品。在产品包装上，探索和改进实施有利于环境的产品包装。温室气体减排目标上升至集团关键绩效指标考核（KPIs）的高度。

而另外一家在 ESG 评级中获得 AA 评级的公司药明康德专门设立了 ESG 委员会，负责制定 ESG 管理策略、设定 ESG 目标、制定 ESG 政策并监察 ESG 相关事务的整体实施。他们定期就 ESG 相关议题展开实质性评估。并将 ESG 相关的目标纳入高管及部门主管薪酬考核范围，主动披露 ESG 举措及绩效。在人力资源方面，他们有专门的人力资源绩效考核管理团队与合规团队，对员工的相关绩效进行考核。绩效优秀（包括对 ESG 议题做出重大贡献或创新的项目）的员工，有机会获得更多的发展机会以及激励回报。他们还为全体员工提供了 ESG 培训、论坛、体验营，以提升员工对本公司 ESG 管理策略及相关工作的理解。

可以想象，如果涉及本次食用油事件的企业能够真正深入践行 ESG 的理念和实践，他们就可以防患于未然，并将消费者和公众的利益置于优先考量，从而从根本上避免这类食品安全事件的发生。当下，深化利益相关者的理念和认知，并真正践行到位对于很多中国企业还任重而道远，但这才是解决这些企业内在问题的根本解决之道。

第 9 章

组织心智差异决定人才发展模式

在成为领导者之前,成功在于自我的成长。当你成为领导者后,成功都是关于帮助他人成长。

——杰克·韦尔奇

停止喂养任何人,你连想改变别人的念头都不要有,要学太阳一样,只是发出光和热。

——卡尔·荣格

组织心智的分型

作为一名领导力发展顾问，我接触过几百家不同的组织。在过去的十几年中，一个问题一直困惑着我。那就是不同的公司在人才发展和培养方面的表现千差万别：有的公司非常热衷于培训，经常邀请外部机构展开培训；有的公司却鲜有展开正规的培训；有的组织把培训作为给员工的福利来看待，而有的组织有长期的人才发展实践，且具备清晰的人才发展制度。

- 为什么不同的组织对于人才发展和培养秉承不同的观点和做法？
- 是什么因素促使它们的做法大相径庭？
- 在人才发展方面，什么样的实践会是更好的做法？

如果把组织的成长类比为人的成长和发展，我们就可以从"组织心智"的角度来审视上述问题，从而找到更加明晰的答案。从发展心理学的理论来看，组织的发展和人的心智发展的确有着非常强的对应关系。

本书中涉及的几个主要的发展心理学理论，都可以用来解释组织的发展规律。

托伯特的行为逻辑理论不仅解释了领导者的行为逻辑，还揭示了组织成长发展的基本规律。托伯特将领导者的行为逻辑分为若干个类型，包括"机会主义者""外交官""专家""成就者""再定义"和"转化"（还有最早期的类型的"冲动型"和更高发展阶段的类型"炼金术士"）。这些类型也可以定义出组织发展的不同阶段："机会主义者"代表了创业投入期的组织，它们更多地寻求机会；"外交官"阶段的组织尝试寻求构建外部网络和资源并开始提供产品和服务；"专家型"的组织构建出了自己在特定专业方面的优势；"成就者"阶段对应的组织在业务上取得了成功，并建立起对自身业务成功的内在逻辑；"再定义型"的组织更加愿意创新和变革，重新寻找持续业务成功的可能；而"转化型"的组织变得更加开放，愿意构建更加广泛的社会意义和使命。

另外一位研究者莱卢在其《重塑组织》一书中按照肯·威尔伯的意识光谱的界定，将组织分为红色的组织（冲动型），琥珀色的组织（服从型），橘色的组织（成就型），绿色的组织（多元型）和青色组织（进化型）。在《重塑组织》一书中，莱卢更加推崇进化型的青色组织，并细节介绍和分析了若干家青色组织的成功案例。

托伯特带给我们对于组织从初创到消亡（蜕变）的完整生命周期的系统看法，而莱卢呈现给我们的是从人类出现组织形态之初到未来乌托邦式的美好组织图景（青色组织）的历史发展观点。如果纵览一下当今文明社会中的成熟商业组织，可以看到它们大多隶属于冲动/工具型、社会化型、自主—专家和自主—成就者型以及自变型这五种组织形态。这样的分型将能更容易帮助我们辨识当代社会中组织的不同形态。

心智整合 MIND INTEGRATION AT WORK ▶

不同组织心智的具体表现

不同的组织心智也会表达出不同的组织行为来。

冲动/工具型的组织：大多见于初创的公司以及那些关键的领导者的心智尚处于冲动/工具型心智的组织，它们的可能特点包括：

- 在业务上多处于短期视角，无法展开中长期的业务规划；
- 主要靠满足和激发组织成员的物质需求和欲望激励组织成员；
- 公司领导主导，说一不二；
- 拒绝批评，组织中充满各种问题和危机；
- 以赚钱获利和胜出为目标。

社会化型的组织：大多见于具备垄断优势的组织或者那些所有权和管理权分离而缺乏良好的法人治理结构的组织。由于缺乏积极的商业目标或者没有建立起有效的业务成功逻辑，组织中的关键管理者并不能承担有效的领导和管理职能，这导致组织陷入某种社会化的内在无序状态，这样的组织可能有如下一些特征：

- 组织表面和谐，避免冲突；
- 政治斗争，非正式团体盛行，存在不同权力团伙和关系之间的内在斗争和纠结；

- 组织内部存在大量潜规则；
- 过分强调表面的纪律和规章；
- 缺乏系统成功的组织动能和文化。

自主—专家型的组织：大多见于那些专家主导的组织，包括咨询机构、研发机构或者创始人/主要管理者的思维处于专家型心智维度的组织。在专家型的组织中，可能有如下特点：

- 以专业为由严格要求员工；
- 完美主义，重视专业质量和效率；
- 专家是组织中的权威和权力来源。

自主—成就者型的组织：是那些通过探索和努力，已经在业务上取得成功的组织。它们具备相应的品牌和知名度，在市场中具备影响力。这样的组织往往有如下特点：

- 拥有激励人心的中长期愿景和目标；
- 组织在发展的过程中获得了业务成功；
- 组织成员普遍有成就感；
- 愿意改进，敢于自我批判；
- 业绩导向，组织的权力集中在那些有业绩和有成就的人手中。

自变型的组织：则是更加开放的组织。它们倡导创新，经历过系统变革，倡导企业社会责任。这样的组织可能具备如下特点：

- 组织充满活力，有激动人心的愿景；

- 鼓励组织成员更广泛地参与到业务中；
- 价值观明确，处于持续的创新状态或者有过多次成功变革的经验；
- 敢于自我批判，工作充满创意，兼顾短期工作和长期目标；
- 组织更加对外开放，寻找组织在社会中的意义。

如同人的心智状态一样，任何一家组织的心智都不会是简单地处于某个单一的组织心智阶段，而是有多个跨阶段的表达。但仔细研究，你会发现任何一家组织都有其组织心智的重心所在。用组织心智的角度来审视组织，我们就可以在这个过程中强化我们对于组织文化和业务表达方式的理解，也可以给组织中的领导者和组织文化建设者指明发展的方向和路径。

上述组织心智的描述还略显简单。如果我们希望细节地审视组织心智的表现，我们就需要从不同的组织业务实践展开具体分析和判断。它们将包含多个维度，涉及不同心智层级的组织在人才发展、业务决策、信息沟通、权力分配、工作态度、人际互动、产品和服务等多维度的表达。

组织心智如何影响人才发展模式

在本章中，我尝试呈现出从人才发展角度，不同心智阶段的组织的具体操作差异。你会发现，组织心智的差异是组织在人才发展和培养做法上大相径庭的根本原因。

对于冲动/工具型的组织而言，它们在人才培养和发展方面往往：

- 没有正规培训的设置；
- 平时缺乏工作的反馈和辅导，适者生存；
- 指责性管理；
- 员工回避问题和不愿意参与到发展的活动中；
- 表现优秀的人往往是那些靠机会脱颖而出的人，组织中的成员会认为业绩需要靠运气和机遇，而非能力。

很多初创的公司都呈现出冲动/工具型组织的特征：没有正规的人员配置，公司的创始人往往决定各个方面的业务决策。由于组织成员缺乏解决问题的经验，危机随时都可能发生。在这样的组织中，业绩创造更多的来自机会的闪现，而不是组织成员的共同能力。

还记得在我们公司业务初创的时期，我的大学老师有一天突然问我是不是可以组织 EMBA 的出国考察培训，我当时没有任何犹豫就接手了这个业务并做了一段时间的高管出国培训考察。但后来当我们公司的专业能力建立起来后，也就很自然地从这个业务领域退出了。现在想起来，就感觉当时展开那样的业务是非常机会主义导向的。

当然也不乏成熟的组织，它们的业务已经非常成功，由于其组织中创始人的心智还处于冲动/工具型的模式，也会非常不重视人才的培养和发展。

对于社会化的组织而言，在人才发展方面通常会表现出如下特征：

- 公司提供福利型的培训项目；
- 人才发展的形式主要是通过教育式的培训展开；
- 培训和人才发展的活动如同游乐场；
- 更多关注员工在学习中的体验和感受，而非习得的技能和能力的转化；
- 回避人才评估和系统的人才管理方法。

不难看出，在社会化程度较高的组织中，若管理和领导力度薄弱，组织目标便会显得支离破碎，员工也往往会被复杂的人际关系所束缚，会特别害怕得罪组织中有权势的人。因此，这类组织虽会开展培训活动，但往往只是将其视作一种员工福利。在培训过程中，组织者更侧重于确保学员的满意度，而非真正关注培训是否能有效提升员工的能力并转化为实际行动。

自主—专家型组织在人才发展方面会有如下一些特征：

- 提供专业的培训项目；
- 提倡由内部的专家担任讲师和导师；
- 学习以技能和知识的获得为主；
- 强调学习效能，力求学习效率，希望节约学习中的时间投入，将学习和工作视为对立面；
- 比较容易倡导师徒制的学习方式。

而那些业务上非常成功或者已经获取了一定业务竞争优势的组织，容易发展出**自主—成就者型的组织**心态。这样的组织在人才发展方面会有更强效能的特征表现出来：

- 学习活动更加多元，强调学习的效能；
- 学习和培训以能力和绩效为导向；
- 敢于评估组织内部人才能力的强弱状态并使用评估工具来鉴别人才。

我们合作的客户组织大多数应该属于心智处于成就者以上类型的组织。他们在各自的行业都获得了业务成功，很多已经是行业的领导者。这样的组织重视人才培养和发展，并已经超越了一般的培训形式，非常重视人才培养的综合效能，也敢于用人才测评来鉴别人才和帮助人才来建立认知。

那么，**自变型的组织在人才发展方面会如何表达**？自变的组织更加强调愿景和价值观，更加愿意创新和迭代，更加关注人才的持续发展，更加愿意创造具有挑战性的人才发展环境。所以，自变型的组织在人才发展方面会呈现出如下特点：

- 学习活动非常多元，富有创新特点；
- 不断迭代人才发展的方法和方式；
- 强化领导力的培养；
- 重视员工身心健康；
- 人才发展制度化，持续化，能输出优秀人才；
- 态度开放，愿意将学习经验和资源对外部开放。

如果说重视人才发展在成就者型的组织状态中就已经能够焕发出来，那么人才发展制度化和持续化就应该是自变型组织具备的一大特点。我们在中国和不同的组织合作，很多组织合作并不能持续展开，但有若干家行业的领袖型组织的人才发展非常制度化和持续化。这让我们印象深刻。如我们和拜耳合作"自我认知发展中心"的项目（SIAC）已经超过八年。拜耳全球都有系统化的发展中心的人才发展机制，在中国面向不同层级的管理人员也有不同形式的发展中心。每一年我们都和拜耳展开若干次发展中心（SIAC）的项目。在每个项目中，他们都会调配组织中更高层的管理者参与担任观察员和评估师，给予人才系统的评估和发展建议。

另外一个成功案例就是 GE 医疗在中国的领导力发展项目（Leadership Development Program）。这个项目是从 20 世纪 90 年代就开始的一个领导者发展项目。GE 医疗内部很多领导者都是这个项目培养出来的。我们在 2020 年也参与到这个项目中，这已经是他们的第二十三期 LDP 项目了。从这里我们能够看出自变型组织在人才发展方面的持续性和制度化。

如果说持续性和制度化是自变型组织在人才发展方面的显著特征，那么我认为在人才发展方面的开放性是自变型组织的一种高级表现。如同谷歌的安卓系统是免费开放的生态系统一样，谷歌在人才培养方面也秉承开放的态度。它的一些内部课程最后都对业界公开，从而影响到了更多的人才和组织。

不同心智的组织的优势和问题

不同心智的组织都有其存在的合理性，因此，每个形态的组织都有其优势和潜在的问题。

对于冲动/工具型的组织，由于很少展开培养和发展人才的活动，它们的业务也呈现出更加简单直接的特点。这样的组织可能更愿意在具体工作中严格管理，甚至随时指责犯错的员工，员工也因此会逃避反馈和回避发展。组织中的领导者通常无法理解人才对于业务成功的关键效能到底在哪里。总之，冲动工具型的组织对于人才发展是充满迷茫的，他们并不能有效理解人才发展对于业务成功的作用所在。

对于社会化型的组织，他们的优势在于发展人才时强调和谐，也愿意关注员工感受。但由于不看重效能，往往培训转化效能偏低，大部分情况下培训可能不能有效转化为切实的能力和工作中的行动。

对于自主—专家型的组织，其培训重视专业，强调完美，但也会陷入过度的完美主义。另外，专家型的组织容易陷入专业自大，掉入"能力陷阱"而无法自拔。

对于自主—成就者型的组织，就更加看重软性能力的培养，如情绪管理、领导力发展等，也非常重视人才发展对于绩效的影响。

而对于自变的组织，我们可以看到的优点包括：

- 敢于创新和迭代；

- 学习项目富有挑战，和工作紧密关联；
- 鼓励人人参与的学习文化，能把现实工作成功转化为学习的场景；
- 能够输出优秀人才；
- 愿意分享，学习环境开放；
- 重视软性能力的学习和培养；
- 重视组织和文化建设。

但在这样的组织中，对于心智不成熟的员工，可能会出现不能有效融入的问题。

如果将上述不同心智发展层次类型的组织在人才发展中的实践模式以及优点问题汇总起来，我们可以汇总出如下的表格（如表9-1所示）。

在人才发展和培养领域里，不同心智发展阶段的组织的做法有明显的区别。这和我们的经历和体验是高度吻合的。显而易见，向更高心智阶段的组织发展，将有助于提升组织在人才发展方面的表现。当然，这也有赖于组织对于自我的心智阶段有清晰的判断，也有赖于组织的高层领导者的心智的发展，他们才更有可能支持那些更有效能的人才发展模式。

第9章 组织心智差异决定人才发展模式

表 9-1　组织心智和人才发展模式细节描述表格

组织心智	基本原则和组织表达形态	人才发展方面的实践模式	潜在优势	潜在问题点
冲动/工具型	• 在业务上多处于短期视角，无法展开中长期的业务规划 • 主要靠满足和激发组织成员的物质需求和欲望激励组织成员 • 公司领导主导，说一不二 • 拒绝批评，组织中充满各种问题和危机 • 以赚钱获利和胜出为目标	• 没有正规培训的设置 • 平时缺乏工作的反馈和辅导 • 指责性管理 • 员工回避问题和不愿意参与活动中 • 优秀的人才在任是那些靠机会脱颖而出的人，业绩来源于运气和机遇，而非能力	• 工作简单直接	• 指责性管理和引导 • 员工回避问题和不愿意参与到发展的活动中 • 无法理解培养人才对于业务成功的效能
社会化型	• 组织表面和谐，避免冲突 • 政治斗争，非正式团体盛行，不同权力团伙和关系内在的斗争和利结 • 组织内部存在大量潜规则 • 过分强调表面的纪律和规章 • 缺乏系统成功的组织动能和文化	• 公司提供福利型的培训项目 • 培训和人员发展的活动如同游乐场 • 更关注员工在学习中的体验和感受，而非学习获得的技能和能力的转化 • 回避人才评估和能力管理方法	• 工作和人才发展活动强调和谐 • 关注员工感受	• 培训效能和转化状态低 • 不敢评估人才
自主型	• 以专业为由严格要求员工 • 完美主义，重视质量和效率 • 专家是组织中的权威和权力未获得 **成就者型：** • 拥有激励人心的中长期愿景和目标 • 组织获得过业务成功 • 成员普遍有成就感 • 愿意改进，敢于自我批判 • 业绩导向，权力集中在有业绩和成就的人	**专家型：** • 提供专业的培训项目 • 提倡由内部的专家担任讲师和导师 • 强调以技能和知识的获得为主 • 追求学习效能，力求学习在学习中的时间投入 • 师徒制 **成就者型：** • 学习活动更加多元，强调学习的效能 • 学习和培训以能力和绩效导向为主 • 敢于评估人才能力的强弱状态并使用测评工具来鉴别人才	• 专业导向 • 追求质量 • 强调学习效率 • 敢于指出人才不足和明确发展区域	• 过于完美 • 自大型组织，容易形成能力陷阱 • 看轻软性能力培养，如情绪管理、领导绩效、实用主义等 • 过于追求绩效

续表

组织心智		基本原则和组织表达形态	人才发展方面的实践模式	潜在优势	潜在问题点
	自变型	·组织充满活力，有激动人心的愿景 ·鼓励组织成员更广泛的参与到业务中 ·价值观明确，处于持续的创新状态或者有过多次成功变革的经验 ·敢于自我批判，工作充满创意，兼顾短期工作和长期目标 ·组织更加对外开放，寻找组织在社会中的意义	·学习活动非常多元，富有创新特点 ·不断迭代人才发展的方法和方式 ·强化领导员工身心健康 ·人才发展制度化、持续化，愿意将学习经验和资源向外部开放 ·态度开放	·创新和迭代 ·学习项目富有挑战 ·人人参与的学习文化 ·能够输出优秀人才 ·愿意分享，学习环境开放 ·重视软性能力的学习和培养 ·重视组织和文化建设	·心智不够成熟的员工的融入问题

CLEANING UP

第三部分

清除

本部分聚焦于帮助读者理解我们现有的各种观念可能就是阻碍我们心智成长的内在障碍。这些观念包括我们排斥和压抑的观念（荣格称之为"阴影"），也包括我们成长过程中逐渐树立的"正确且有效的"观念（凯根称之为"绝对真理"）。笔者从"躺平"这一社会现象引入"阴影自我"的概念，使读者对阴影有初步认识；进而深入阐述阴影理论在领导者和组织层面的体现，包括其产生机制和影响；接着分析专家这一特定群体的常见思维陷阱，拓展读者对于内在心智阻碍的理解；最后介绍了变革免疫分析的方法，引导读者识别并突破内心的障碍，实现心智的整合与提升。

第 10 章

阴影下的"躺平"

　　直到你使潜意识有意识，它将指导你的生活，你将其称之为命运。

——卡尔·荣格

　　我们生活在由和我们非常不同的人在我们出生很久以前发明的思想牢狱之中。

——赫拉利

该不该"躺平"

"躺平"一词，是近年来被广泛提及的社会热词。"躺平"似乎代表了很多人的心声，奋斗无望，只能"躺平"。"躺平"的意涵正面看是放下，负面理解是放弃奋斗。而一些社会精英也发出疾呼，指出"躺平"是一种不负责任的生活态度。这些辩论放大了舆论的争议，关于"躺平"的讨论俨然变为年轻人和年长者、社会底层和社会精英、失落者和成功者等不同人群的社会价值观对峙。

在职场中，关于"躺平"的讨论实际上早已经存在。与60后70后相比，80后90后似乎有更多的人愿意选择"躺平"的人生态度。很多人认为这样的状态应该归因于社会阶层固化，导致年轻人奋斗无望，从而产生内心焦虑。"躺平"发出了对于工作意义和生活压力的反抗之声。也可能是由于社会价值观的变迁，越来越多的年轻人不再喜欢"996"式的奋斗工作方式？还是由于代际差异，年轻人更加轻松，愿意放下，去享受生活？或者上述原因都有之。

其实"躺平"的心态自古有之。陶渊明选择"采菊东篱下，悠然见南山"；苏轼也发出过关于"躺平"的期待："长恨此身非我有，何时忘却营营。夜阑风静縠纹平。小舟从此逝，江海寄余生"。但也有很多文人雅士选择坚持奋斗，李白豪迈宣称"天生我材必有用，千金散尽还复来"。屈原的"路漫漫其修远兮，吾将上下而求索"一直激励着中国人持续奋斗。选择"躺平"还是奋斗，本来无可厚非。当我们能够安然"躺平"的时候，"躺平"是一种放松的生活状态，毕竟就人的身体脊柱而言，躺平能够让我们脊柱的压力降低 75%。选择"躺平"就意味着选择一种轻松的生活方式。当"躺平"并不带有任何不情愿的情绪时,那就是健康的"躺平"。这样的人可以积极地奋斗,也可以健康地"躺平"。

有些人已经实现经济和精神自由,"躺平"是再自然不过的归宿。有的人不愿意参与奋斗,而主动放弃,选择"躺平"似乎也颇为合理。我们的社会并不缺乏奋斗者和踏踏实实工作的人。主动和被动的"躺平"必然是少数人的选择。但对于"躺平"现象的社会辩论,却折射出一种社会的舆论情绪。不论"躺平"是否积极,都放大了"躺平"的效能,给每个人的内心投下一缕阴影。

如果从心理学的角度看,我们隐约可以感到,当前流行的"躺平"思维透露出一种普遍存在的情绪,那是一种害怕奋斗而无果的恐惧;是感觉成功无望,而无奈选择的妥协;是人们普遍存在的内在的怨恨、不满、恐惧和自我折磨。

对于那些有"躺平"心态的人而言,放弃现实中的奋斗也可能是一种自我压抑。毕竟,大多数人并不愿意在社会奋斗中主动放弃,承认自我的懦弱和失败。深入探究,"躺平"的心态和行动可能投射出一种对于社会权威和主流思想的抗拒、不接受、逃避和厌倦的心理。而讨厌"躺平"也代表着社会中固有价值观那种无法接受不奋斗,轻视失败者/弱者的心理阴影。所以,我们可以从心理学的角度来分析一下"阴影下的躺平"所蕴含的深层心理机制,即阴影自我。

阴影自我

"阴影"并不是一个简单的比喻，而是由瑞士心理学家卡尔·荣格（Carl Jung）提出的心理学概念。荣格创造性地提出了"阴影自我"（Shadow Self）这一理念。

如果我们使用荣格的阴影理论，来分析社会和个人行为现象，包括对于躺平的理解，都将带给我们一种深度的洞见。

荣格用"阴影"这一概念来描述那些我们选择拒绝和压抑的人格。出于种种原因，我们都有自己不喜欢的部分，或者我们认为不会被社会喜欢的部分，于是我们把这些部分推入我们的潜意识中。这些被压抑的身份认知被荣格称之为"阴影"。

阴影是我们个性中的"黑暗面"，它囊括了那些原始且消极的人类情感和冲动，诸如狂热、嫉妒、贪婪、欲望和对权力的无尽渴望。我们将自身不愿正视与承认的部分，悉数归入阴影的范畴。任何与我们自觉选择的自我形象相悖的特质，都会被抛弃至这一幽暗的角落。阴影，实质上是我们拒绝接纳的自我部分，是我们不再公然宣称属于自己的存在。然而，这些被否认的个性片段并未消失无踪。我们并没有摆脱它们，而是压制它们并把其变成我们无意识的一部分。我们无法简单消除阴影，阴影一直陪伴着我们。但当我们看不到它的存在时，阴影便悄然成为引发我们内在困扰与问题的关键所在。

由阴影所引发的问题是如何浮现的呢？我们会将自己拒不承认的品质，有选择地投射到他人身上。譬如，若某人对你不敬，你会因此生气，那你就不会拥有自己的粗鲁。这并不意味着这个人没有对你粗鲁。但是，如果粗鲁本身不在你的阴影下，别人的粗鲁也不会让你如此介意和难以忘怀。这个过程不是有意识的。我们并不能看清自己阴影的投射。我们利用这种机制来保护自己，捍卫自己是"善良且正确的"的感觉。我们"善良"的虚假身份使我们无法连接到我们的阴影。这种心理投影扭曲了我们对现实的认知，在我们如何看待自己和我们在现实中的行为之间筑起了一道厚重的壁垒。

"躺平"之所以成为社会热议的话题，其根源在于它深刻触及了我们集体潜意识中的阴影部分。无论是积极倡导奋斗的人，还是倾向于"躺平"的人，他们内心都藏着各自不愿正视的阴影，这些阴影是被我们排斥并深埋于潜意识之中的。这一现象同样适用于解释组织内部管理者与员工之间存在的矛盾与冲突，两者间的分歧往往源于各自内心深处未被正视的阴影面。

管理者时常抱怨下属能力不足，缺乏追求，无所作为。这其实就是他们内心阴影的一种外在投射。他们自诩为"清醒者"，坚信自己的判断是正确的。他们期待"拯救"员工，帮助员工"看到光明"。那些未经专业管理训练的管理者，更易对员工持严厉批评的态度。面对员工的失误和不足，他们往往冲动地做出评判，甚至不乏以蛮横之态发泄情绪。这种行为，实质上是他们对自己阴影的一种补偿机制，源自对内心恐惧（即阴影）的忽视和逃避。

越成功的管理者，往往越倾向于排斥那些自我否定的观念，如"我是无能的""我的工作生活没有意义""我害怕一事无成"。若非这些内在阴影的驱使，他们何以在面对员工的无能和退缩时，表现出如此强烈的不满和愤怒呢？因此，对于员工的"躺平"态度，管理者的难以接受就不难理解了。因为他们的奋斗，在某种程度上，正是被自身的阴影和恐惧驱动的。他们最深层的恐惧，莫过于失败、生活的无意义以及被他人轻视（或被视为无能）。这些阴影不仅促使他们不断投入，疲于奔命，也让他们无法接受"躺平"的心态和表现。

同样地，从员工的角度来看，那些专业技能不足、能力欠缺的员工也会投射出内心的阴影。他们常会感觉到自己被压迫、被伤害，甚至觉得被强行灌输观念（所谓的"洗脑"）。这类员工倾向于将自身的不安全感归咎于外部因素，比如抱怨公司未给予机会，指责上级愚昧无知等。他们常常扮演"受害者"角色，不愿正视自身错误，而是竭力将自己描绘为被压迫者、受害者、付出者和无辜者，以此在精神上逃避本该承担的责任。同样管理者在面对更有权势的人时，也同样会陷入这样的阴影中。人们有这些行为是因为很多人害怕和讨厌被别人驱动；他们也害怕被他人认为是无能的，一事无成的。当人们感觉成功无望、致富无门、受人指派时，他们往往会无法接受现实，而选择"躺平"式的放弃。而这样的"躺平"中却蕴含着对外界压力的憎恨和愤怒，装腔作势（伪装强大），拒绝和逃避。"躺平"是一套说辞，期待"躺平"或者已经选择"躺平"的人如果看不到自己的阴影，即使躺平也无法解决内心的挑战。

显然，阴影是我们负面情绪滋生的根源所在。当我们不满于被他人驱使时，会流露出对外界压力的憎恨与愤怒；当我们担忧被视作无能之辈时，会展现出自我膨胀的傲慢与自大；当我们恐惧一事无成时，会表现出内心的不安、嫉妒与偏执；当我们忧虑生活缺乏意义时，会显露出焦虑的情绪；当我们害怕受到他人控制时，会愤慨地拒绝与抗拒；当我们无法自由随性时，会心生嫉妒；当我们无法主宰自己的命运时，会选择回避与否认；而当我们无法实现成功或财富时，则会显得更为贪婪且充满渴望。

展开阴影工作

荣格创造了"阴影"这个概念，让我们意识到自我阴影的客观存在，同时也开创性地对如何处理阴影给出了切实的建议。这就是"阴影工作"（Shadow Work）。通过阴影工作，我们可以与自己的阴影一起合作，创造出生活的积极变化。这是一种自我反省的过程。阴影工作是一种内省的心理实践，任何人都可以做到，这将导致更加充实的生活。当我们能与阴影一起工作时，我们就可以焕发出内心的觉醒，这让我们变得更加真实、自由、开放、富有创造力和更加整合。

实际上，当我们意识到阴影的存在，才能有效管理情绪和身心健康。现代科学已经证明，90%的疾病都和情绪直接关联。而当我们无法看到和承认自身阴影的时候，我们是无法管理自身的情绪和健康的。阴影工作不仅仅有利于人际关系和工作状态，还能够帮助我们改善自身能量和健康，避免内在的自我毁灭。

大部分情况下，我们本能地想要避免承认"阴影"的存在，倾向于为自己的行为辩护。因此荣格认为阴影工作是一种道德行为。我们需要一定的道德力量和自律，才能克服对于阴影的本能恐惧。

具体的阴影工作可以从思考你最讨厌和最崇拜的人的两三个特质开始。那些你讨厌、抗拒的人的特质和那些你崇拜但永远也无法达成的人的特质就是你的阴影（黑暗的阴影和金色的阴影）。然后，面对这样的特质，你可以选择用下面的句式分析自身的阴影和展开阴影转化工作：

1. 我是这么做的。

2. 我这么做的原因。

3. 我是这么理解的。

4. 它是如何影响我的。

5. 它是如何影响他人的。

6. 相反的/进化的行动。

还是回到"躺平"的话题，假设一位管理者讨厌他的一位员工选择"躺平"的态度。那么"躺平"就是这位管理者需要面对的阴影。他可以开展如下的阴影工作：

（1）（我是这么做的）当我感觉一个人选择躺平时，我会排斥，我喜欢奋斗的人；

（2）（我这么做的原因）因为碌碌无为（躺平）的人无法成功；

（3）（我是这么理解的）这个世界需要奋斗的人来推动发展，不能"躺平"；

（4）（它是如何影响我的）这样会让我排斥那些没有追求的人，我无法相信那些追求不高的人；

（5）（它是如何影响他人的）如果我这样做，别人可能感觉到被排斥，受挫，会远离我；

（6）（相反的/进化的行动）我应该理解"躺平"也是一种人生状态，我应该去欣赏那些让自己和他人放松、"躺平"的状态；接纳生活需要安全和舒适的需求，让自己能够在工作和放松之间获得平衡。

用同样的方法，我们也可以让一位选择"躺平"的人来看到自己的阴影，更加客观地应对自身的挑战。他可以开展如下阴影工作：

（1）（我是这么做的）当我感觉我永远也变不成有钱人或者成功者时，我选择"躺平"；

（2）（我这么做的原因）我这样做会让自己舒服；

（3）（我是这么理解的）我的意思是我需要更加有价值，不能不被认可，不被接受，不被重视；

（4）（它是如何影响我的）这让我讨厌那些自以为是的有钱人、成功者；

（5）（它是如何影响他人的）这样会让别人认为我看起来自以为是，有距离感；

（6）（相反的/进化的行动）相反的行动是保持开放的心态，认识自己的价值和不坚持己见。在放松和奋斗之间取得平衡。

心智整合 MIND INTEGRATION AT WORK ▶

阴影工作带给组织的全新视角

荣格说过:"理解自身的阴暗,是对付他人阴暗面的最好方法。"阴影工作带给组织中的管理者和员工一个更好的角度来审视自身的问题和挑战。当我们没有察觉阴影的存在时,阴影切实影响着我们。每个人的阴影和集体阴影造成了组织中的各种管理问题和挑战。管理者和员工都面临着士气下降、工作投入度低、不善于管理情绪,甚至爆发冲突的种种现象。我们可以从我出发,尝试发现自身阴影的影响,不断展开阴影工作和对话。

(1)持续展开自我阴影对话;

(2)带领下属展开关于工作中阴影的对话;

(3)集体分享自我阴影的影响和阴影对话的成果;

(4)在组织内部鼓励更加开放、互动、支持的工作氛围。

如果能够这样,我们将会以更加开放、自由、满足、放松、高效和包容的态度进入到工作中。正如荣格所说:"往外张望的人在做梦,向内审视的人才是清醒的。"某种程度上,我们甚至可以这样断言,当组织中的管理者真正地开始意识到阴影的存在并通过阴影工作持续完善自我时,他们也就启动了从管理者向领导者转化的旅程。

第 11 章

阴影：领导者修炼和组织成长的必由之路

天下皆知美之为美，斯恶矣；皆知善之为善，斯不善矣。

——老子《道德经》

所有聪明人都会受到共同诱惑：愤世嫉俗。

——加缪

阴影——荣格提出的革命性概念

上一章简单介绍了阴影的概念，在这一章我们继续展开对"阴影"概念的理解。作为现代心理学的开山鼻祖，卡尔·荣格提出的"阴影"（Shadow）理论被超个人心理学家肯·威尔伯高度称赞为是"西方心理学近一百年来最重要的理论发现"。大家都非常熟悉弗洛伊德，但相比之下，中国人对荣格和他提出的阴影理论都较为陌生。荣格认为阴影是我们人性中被隐藏、被压抑和被否认的部分，它们最终潜入无意识之中，但我们的行动很大限度受到阴影的影响。阴影导致了我们的各种情绪，如哀怨、厌恶、痛恨、愤怒、羡慕、嫉妒、仇恨等。由于阴影深藏于潜意识之中，我们往往对其浑然不觉，然而阴影的一个显著特征便是，我们很善于将我们的阴影投射到他人的身上。比如，满怀怨气的妻子会怪罪自己的丈夫没有尽到照顾家庭的责任；管理者常常会对下属的无能感到恼火；员工在强势领导的压制下感到憋屈；我们总是对咄咄逼人的客户心生反感；社会中普遍存在的仇富心态等——这些都与阴影的存在息息相关。因此，无论是为了个体的整合，还是要成为更有效能的领导者，都需要深入探索和理解阴影，进而在阴影层面展开自我修炼。

正如卡尔·荣格在《永恒纪元》中所言："阴影是一个道德问题，它挑战了整个自我人格，没有人不经过相当大的道德努力就能意识到阴影。要意识到它，就需要承认人格的黑暗面是真实存在的。这是自我认识的必要条件。"

领导者的阴影

领导力展现的最终阻碍,无疑源自领导者内心的阴影。阴影是许多人终生难以逾越的心理屏障,而深入认识阴影并学会妥善处理,是领导者成长与提升的必经之路。

在霍根(Hogan)的测评系统中,有一个测评叫 HDS(Hogan Development Survey),该测评的维度就是指向人个性中表达出的阴暗面(Dark Side)。我们也可以理解为这些是阴影表达出的个性特质。他们的表现如表 11-1 所示。

表 11-1 霍根测评的 HDS 量表名称

HDS 量表名称	低分者倾向于	高分者倾向于
激动	缺乏激情	易怒
	缺乏紧迫感	情绪无常
多疑	单纯	不信任
	轻信	愤世嫉俗
谨慎	过度自信	过于保守
	作有风险的决定	规避风险
内敛	避免冲突	冷漠疏离
	过于敏感	不关心他人的感受
消极	不投入	不合作
	只顾自己	顽固
自大	过分谦虚	骄傲自负
	自我怀疑	特权主义和自我吹嘘
狡猾	过度控制	风趣和有魅力
	刻板、不灵活	轻易承诺

续表

HDS 量表名称	低分者倾向于	高分者倾向于
戏剧化	压抑	夸张
	冷淡	喧闹
幻想	过于战术性	不切实际
	缺乏远见	古怪
苛求	不注重细节	完美主义
	容易分心	微控管理
恭顺	可能不服从	恭敬且顺从
	过于独立	急于迎合讨好

- 缺乏激情 / 缺乏紧迫感 VS 易怒 / 情绪无常
- 轻信他人 VS 不信任员工
- 只相信自己的决策 VS 过于保守 / 规避风险
- 避免冲突 / 人际高度敏感 VS 不关心他人的感受
- 工作状态投入度低 VS 不合作 / 态度顽固
- 自我怀疑 VS 骄傲自负
- 严格控制 / 刻板、不灵活 VS 过度风趣和展现魅力 / 轻易承诺
- 压抑情绪表达 VS 表达戏剧化（夸张）
- 缺乏远见 VS 想法不切实际 / 天马行空
- 忽略工作细节 VS 追求完美 / 微观管理
- 行动过于独立 VS 行为恭敬且顺从 / 迎合讨好

我们可以这样理解霍根定义的黑暗的个性维度——得高分者和得低分者往往互为阴影。如在"苛求"维度得分高的个体，他的阴影恰恰可能是讨厌那些"不重视细节""容易出错"的人。而得低分者，他的阴影可能是讨厌那些"微观控制""完美主义"的人。

可以看到，这些负面的黑暗特质，如果极端表达，必然会让领导者展现出诸多负面的情绪与行为，从而影响团队乃至于整个组织。但从另外一个侧面，

任何人都可能在压力状态下表露出自己的某些阴暗状态。关键在于我们是否愿意理解和承认这些黑暗面的存在。某种意义上，黑暗面恰恰是每一位领导者性格的必然组成，只有我们承认这些黑暗面的存在，我们才有可能从中获得改变的力量和可能性。

领导者阴影的生成机制

依据卡尔·荣格（Carl Jung）的理论，阴影构成心理的一部分，它是人类发展和社会化过程的自然产物。我们初临世间，作为无意识的、未分化的存在，逐渐开始了解什么是不可接受的并学会适应。我们尝试学习在这个社会中我们可以表达什么，哪些方面可以安全地揭示，以及我们的想法和感受在哪些情况下是合适的。自我中那些不被接受的、被忽视的或被否认的方面都会被选择性地压抑。这些被压抑的部分，沉入无意识深处，便形成了所谓的"阴影"。

因此，我认为阴影有几个关键特征：

（1）它是我们成长中自然形成的；

（2）它是社会/家庭/个人经历中被排斥、否定的观念；

（3）这些观念进入了我们的潜意识，从而我们不认为我们是这样的；

（4）我们选择性地将这些观念投射给其他人；

（5）阴影在潜意识层面影响着我们，阴影产生情绪，会导致负面的行为。

领导者存在各种脱轨行为，往往是由无意识层面的阴影人格导致的。由于阴影的存在，促使我们将自身排斥的特质"投射"到他人身上。我们喜欢对他人说三道四，恰恰是由于我们自身阴影的存在。我们放大了别人的缺点，原因在于我们要排斥自身的缺点和问题。因此，要洞察自身的阴影，不妨从审视自己厌恶的他人特质入手。简而言之，我们越讨厌什么，我们越可能成为什么。我们很可能在无意识地受到阴影的操控，展现着阴影行为而不自知。

在我讲授"自变领导力发展训练营"和随后的辅导中，我也见证了很多

第 11 章 阴影：领导者修炼和组织成长的必由之路

学员分享的阴影时刻。一位被我辅导的高管在接受辅导时迟到了一个小时，而他最讨厌的恰恰就是"不遵守时间"。另外一位学员谈到他的阴影是"讨厌不劳而获"，我问他是不是有不劳而获的行为时，他断然否认。但在随后的练习中，他分享自己的作业时，居然直接照搬了课本中的例子。我打趣地问他，这难道不是"不劳而获"吗？

如图 11-1 所示展示了个人阴影形成的机制。在成长的过程中，我们逐渐意识到一些观念是不被社会推崇的。例如，小时候我们都听过"孔融让梨"的故事，这个故事让我们知道"我们应该慷慨大方，而吝啬开始被视为一种不好的人格特质"。当我们认为"吝啬"这个观念是不好的，或者不被社会接受时，我们开始排斥并和这个观念分离。这时候，我们的潜意识开始形成了这样的观念——"我绝对不是一个吝啬的人"。所以我们开始努力表现出自己的慷慨大方。当和同学聚会时，我们想主动付钱，如果囊中羞涩，我们甚至会莫名地感到羞愧难当。同时，我们开始讨厌那些不够慷慨大方的人，我们会鄙夷那些抠门的人。当别人没有按照我们的预期展现出慷慨大方的行为时，我们会暗自抱怨——"你看那个人多么的抠门，我讨厌这个人做事很抠门。"这就是阴影产生的一个基本过程，由于阴影处于我们的潜意识层面，我们在没有理解阴影的机制时，是意识不到它的存在的。我们感知到的却是一系列复杂的情绪：厌恶、羞愧、抗拒、排斥、沮丧等。

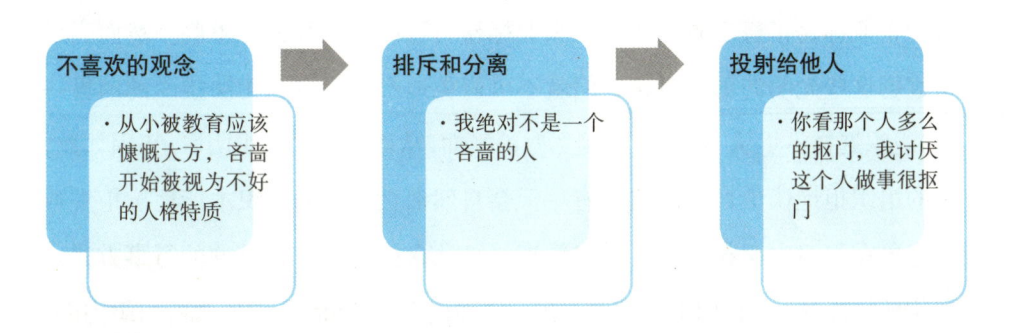

不喜欢的观念	排斥和分离	投射给他人
·从小被教育应该慷慨大方，吝啬开始被视为不好的人格特质	·我绝对不是一个吝啬的人	·你看那个人多么的抠门，我讨厌这个人做事很抠门

图 11-1　阴影产生和作用机制

心智整合 MIND INTEGRATION AT WORK ▶

组织的集体阴影

每个人都有阴影，当一群人聚合在一起工作，阴影也就随之聚合，形成了"集体的阴影"或者叫"组织的阴影"。组织阴影可能会产生一系列反价值观的行为表达。它们会导致组织中诸多不良行为，并可能产生灾难性的影响。例如，在功绩为王的时代，中国的很多企业以绩效为导向，从而产生了大量以个人主义和残酷竞争为主导的商业行为，而这样的文化往往与"以客户为中心"以及"以人为本"的价值理念相背离。

集体阴影可以影响组织内的整个人群，带来群体性的偏见和无意识的负面影响。几个明显的例子：在强绩效环境下，组织内外充满了激烈的竞争、领导者会过度地微观管理、不同代际人群之间会产生各种各样的偏见等，这些问题背后的原因都可以追溯到组织的集体阴影。

如同个人拥有阴影一样，组织也会投射出一些理想的形象，我们不难从企业的使命、愿景和价值观中看到这些积极的表述。有的企业追求永恒存在，有的企业标榜正直友爱，还有的企业标榜自己的伟大和无往不胜。然而当组织宣扬这些光明的诉求时，它们就不可避免地产生了自己无法接受的消极一面。组织选择不承认、否定和压制那些消极面，从而形成了组织阴影。正因如此，有的组织拒绝谈论自己的组织有一天会自然消亡；有的组织本能地抗拒失败的意象在组织中存在；还有的组织拒绝承认自己有不符合道德的行事方式。在这样的背景下，我们不难理解，在一个强调"友好和睦"价值观的组织内部，冲突是不可接受的。当冲突出现时，组织成员往往会倾向于逃避、默许或者视而不见。他们会私下沟通、选择性地回避。这样的处理方式不仅消耗了组织的大量能量，还严重损害了组织的有效性。在这样的文化氛围下，组织是无法有效培养出建设性地解决冲突的能力的。这种文化氛围可能看起来很稳定，但是掩盖冲突和伪装和谐需要消耗组织大量的能量。因此，我们看到的是，在希望创造表面和谐的组织中常常暗流涌动，员工在私下交谈的频率远高于工作中的公开交流，员工更愿意用言语来发泄情绪，有时甚至互相八卦并刻意回避讨论困难的议题。这些行为消耗了组织和员工的大量时间和能量，而这些能量本来是可以用于更具创造力的工作的。

组织阴影的产生和两个关键因素密切相关。第一个是组织中关键领导者自身阴影的影响；第二个是组织在不同发展阶段自然产生的阴影。

组织中的关键领导者有极大的影响力来塑造组织中的阴影面。组织常见的阴影往往来自高层管理者。核心领导者的个人行为会给整个组织投下积极或消极的阴影。由于员工倾向于从领导者那里得到什么是重要的以及如何表现的暗示，高层的消极行为会在组织深处产生负面行为，对绩效和生产力产生不利影响。

领导者对于自己投射的阴影往往是无意识的。但日积月累，当组织的文化被塑造时，想要改变就没有那么容易了。例如一个不断宣扬增加团队协作的组织反而看到更多的不协作现象；又如员工被要求拿出业绩结果，但我们却发现组织往往被业绩所困扰。

另外，不同的组织发展阶段也会给组织带来不同的阴影体验。例如，创业期的组织往往会讨厌缺乏创业激情的员工；而专家型的组织会排斥专业度不够的个体。战略咨询公司麦肯锡内部有一个人事政策，叫作"不晋升就淘汰"（Up or Out）。对于那些无法得到晋升的顾问，会面临被淘汰的命运。而成就型的组织大都非常排斥失败，希望每天都可以听到业绩成功的消息。因此，他们也就无法从失败中学习和再次崛起。

如表11-2所示，我将不同心智类型的组织可能形成的典型组织阴影以及对应的领导者阴影和行为做了罗列，可以作为参考。

表 11-2　不同心智的组织形成的组织阴影和对应的领导者阴影

心智类型	典型代表组织	经营策略	组织阴影	领导者人格类型（九型人格）	阴暗行为
冲动／工具	创业型企业（如处于创业期的拼多多、滴滴）	把握商机，争取创业成功	缺乏创业激情／不够机敏／缺乏商业感	个人主义者	自我厌恶、失败感、拒绝帮助、绝望、自我毁灭情感或身体崩溃
社会化	传统资源垄断型企业（如中石油、中国工商银行）	论资排辈，保持集体一致，家一样的感觉	不服从（顺从）／叛逆／不懂规矩	给予者	操纵、痛苦、充满愤怒，并表现出对个人界限的严重不尊重
自主－专家	专业咨询公司（如麦肯锡）	保持专业优秀，不够优秀就会被淘汰	不够优秀／不聪明／能力不足	完美主义者／调查员	对他人残忍，并且不能容忍任何不符合他们标准的行为／孤立、孤僻和与现实脱节
自主－成就者	市场领先型的组织（如华为、阿里巴巴）	业绩导向（绩效评估）	没有绩效／没有成绩／失败	成功者／怀疑论者	无情地剥削，隐藏错误、缺点和失败，缺乏同理心，嫉妒他人的成功／不稳定、优柔寡断、多疑、回避矛盾
自变	变革阶段的组织（如IBM、海尔）	持续变革，第二、第三曲线	跟不上变化／拒绝变革／头脑封闭	领导者／和平缔造者	无情、有远见、独裁、心狠手辣和狂妄自大／麻木、精疲力竭、脱节、脱离生活

第 11 章 阴影：领导者修炼和组织成长的必由之路

中国组织的阴影状态

我们于 2023 年邀请了来自 90 家中国领先的企业中的高层管理者、人力资源专业人士参与了关于中国领导者阴影和组织阴影的调研。从这份调研中，我们可以看出阴影对于组织的影响以及中国个体领导者面临的比较突出的阴影挑战。

组织中的普遍问题和挑战

在关于"您所在的组织现阶段感知到的普遍问题和现象"这一问题下（如图 11-2 所示），参与调研的 90 家组织中，有 50 家认为最大的挑战是"员工和管理者普遍存在能力不足的问题"；有 45 家组织认为"管理者和员工缺乏创业激情"是组织的关键挑战。另外，约三分之一的组织认为"学习能力弱"和"缺乏合作"是其面临的关键挑战。

这些挑战均可从组织阴影理论的角度得到合理解释。组织及其核心领导者内心的阴影，如"对无能的厌恶""对缺乏热情的排斥""对学习力弱的不满"以及"对合作不畅的反感"，正是导致这些挑战普遍存在的根源。从阴影视角出发，促使组织及领导者认识到这些挑战背后可能隐藏着自身的阴影，将有助于他们以更耐心的态度去面对和解决这些问题。

例如，当半数组织认为员工能力不足时，这种阴影往往只会滋生内部对员工的不满，而阻碍员工的真实发展。若核心领导者能意识到"对无能员工

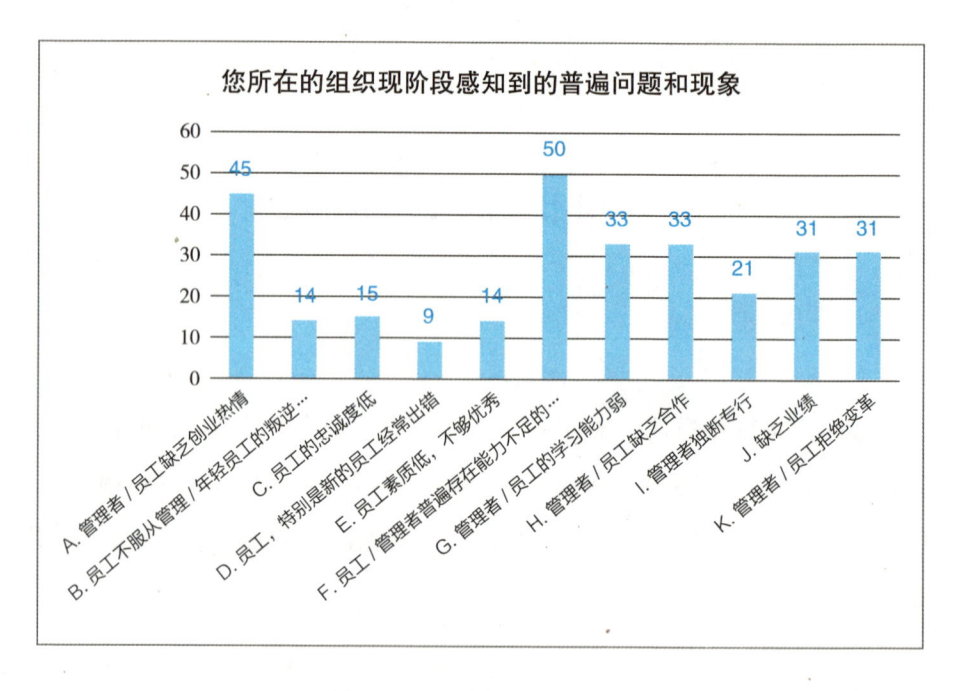

图 11-2　组织感知到的普遍问题

的厌恶"实则源自自身阴影，他们或许能开始接纳并正视这些曾被排斥的观念。这种自我认知将促使领导者以更宽容的心态看待员工的能力短板，进而更愿意投入资源促进员工成长。现实中，不少组织领导者一面抱怨员工能力不足，一面却忽视或急于求成地处理员工发展问题。

此外，领导者还需认识到，这些阴影同样会给他们带来压力与焦虑，因为许多领导者必须展现出处理各种问题的能力。只有当领导者承认"自身也有不足"或"我也曾无能"，他们才可能学会放松，进而推动个体与组织向更健康的状态发展。

组织中的核心领导者的阴影表现

在调研中，就"您所在的组织中的核心领导者表现出的可能阴影状态"

这个问题（如图11-3所示），我们发现有44家组织认为"领导者只相信自己的决策"；有31家组织认为"领导者过于保守/规避风险"；有29家的组织认为其核心领导者"不信任员工"和趋向于"严格控制"。

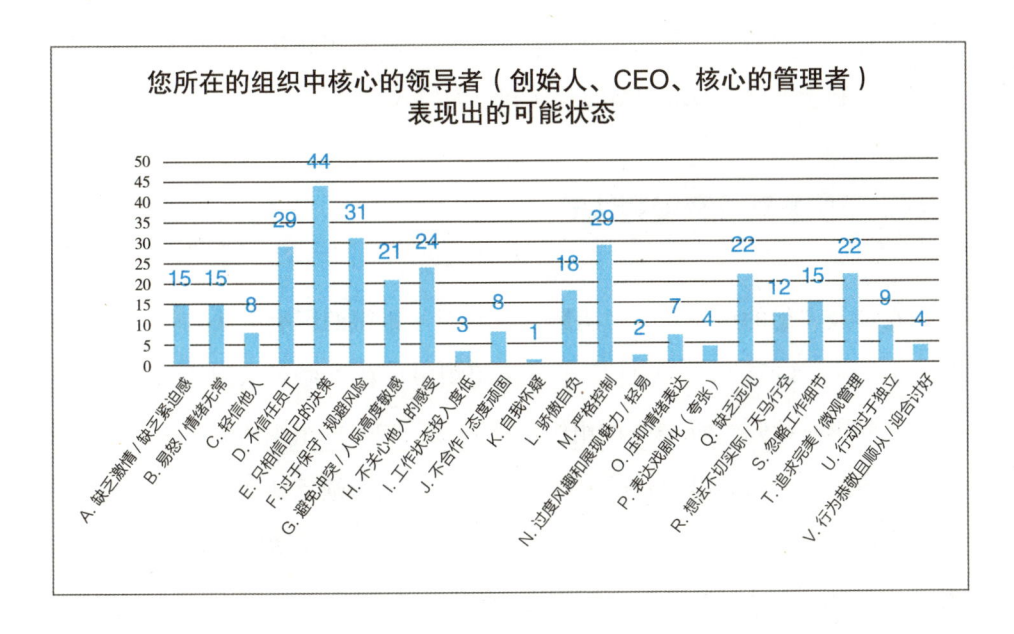

图11-3　领导者的阴影状态

这些评估维度来自霍根测评的HDS量表，也解释了中国企业中的领导者的常见阴影处于哪些维度。以领导者"只相信自己的决策"为例，这个负面的行为模式可能由多个阴影观念导致，如领导者可能认为"其他人不愿意决策"或者"其他人没有决策的能力"，或者是"只有我才能承担决策失败的风险"。恰恰是这些阴影观念导致了领导者更加容易采用刚愎自用、唯我独尊的决策行为模式。如果要改变这样的领导模式，唯有从处理自身的阴影出发，转化阴影观念。例如：

（1）从"其他人不愿意决策"的观念转化到"每个人都愿意参与到决策中"的观念；

（2）从"其他人没有决策的能力"的观念转化到"决策的能力通过培养每个人都可以逐渐具备"的观念；

（3）从"只有我才能承担决策的风险"的观念转化到"决策的风险需要我们一起承担"的观念。

这样，领导者才可能将原来排斥的阴影观念做出转化，形成更加有利于组织、有利于领导力展现的新的观念和行为模式。

组织对于阴影观念有没有认知

在涉及"您的组织对于'阴影'及其对于组织的影响有认知吗"的问题时（如图11-4所示），我们看到90家组织中只有20%的组织认为他们的组织对于阴影有认知，而43%的组织不能确认，37%的组织认为没有认知。从这个调研问题可以看出，有近80%的组织对于阴影缺乏认知和理解，很容易受到个体领导者的阴影和组织阴影的负面影响。这也说明阴影这一概念需要更多地在组织和组织中的领导者层面展开普及教育。

不同的组织如何应对阴影

就"您的组织对于组织表现出的一些阴影问题，会如何做"这一问题（如图11-5所示），有18%的企业选择"回避和不承认"；有17%的组织会选择"外化问题"；有34%的组织选择"尝试用管理手段来解决"；有31%的组织选择他们"通过学习和研讨尝试适应和解决问题"。这个回答和上一个问题有高度关联，也可以看出大部分组织对于如何解决阴影造成的挑战并没有解决方案或者想简单化地处理。

第 11 章 阴影：领导者修炼和组织成长的必由之路

您的组织对于"阴影"及其对于组织的影响有认知吗？

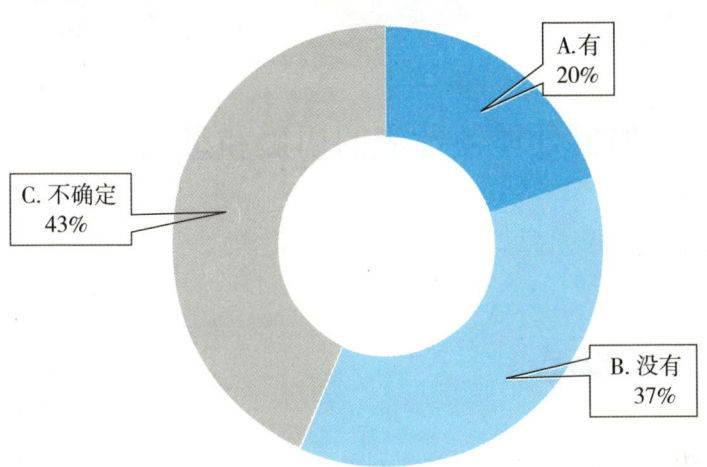

A. 有 20%
B. 没有 37%
C. 不确定 43%

图 11-4　组织对于阴影的认知

您的组织对于组织中表现出的一些阴影问题（如前面选项所列出的），会选择如何做？

A（18%）
B（17%）
C（34%）
D（31%）

- A. 回避 / 不承认
- B. 外化问题
- C. 尝试用管理手段来解决
- D. 通过学习和研讨尝试适应和解决问题

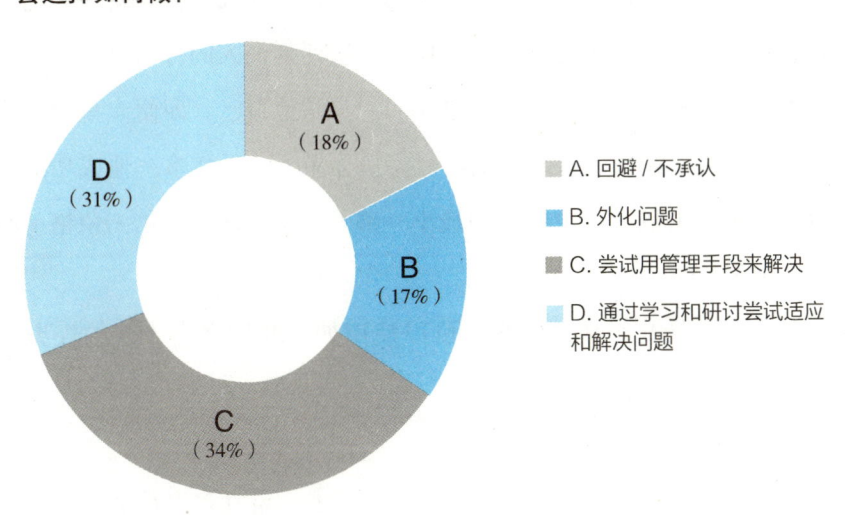

图 11-5　组织如何应对阴影问题

159

心智整合 MIND INTEGRATION AT WORK ▶

如何处理领导者的阴影和组织阴影

个人阴影的处理方式

荣格针对个体阴影提出的解决方法叫作"阴影工作"（shadow work）。阴影工作通过主动与自己的阴影交流，从而使阴影从潜意识中释放出来，让我们对其产生意识。

正如荣格所指出的："如果一个人有足够的勇气撤回他所有的投影，那么你会得到一个对自己的阴影见地深刻的人。这样的人面临着新的问题和冲突。他自己成为自己的难题，因为他现在无法评判他人的行为是对是错，该不该反对……这样的人知道世界上错误的源头是他自己。即便人只学会应对自己的负面个性（阴影），那么他已经为世界做了一件实事。他成功地承担了当今尚未解决的巨大社会问题的最小一部分。"（摘自卡尔·荣格《心理与宗教》）

我认为，要转化个体的阴影，可以使用如下我称之为 ARI 的模型来展开（如图 11-6 所示）。

- 承认（Acknowledge）就是要承认阴影是我们潜意识中属于自己的问题；
- 反思（Reflect）就是去不断思考这样的阴影会如何影响自己和他人；

第11章 阴影：领导者修炼和组织成长的必由之路

- 整合（Integrate）就是将阴影从潜意识中转化到意识中，让自身的光明和阴影展开交流和整合。

承认 （Acknowledge）	反思 （Reflect）	整合 （Integrate）
承认阴影是我们潜意识中属于自己的问题；	不断思考这样的阴影会如何影响自己和他人；	将阴影从潜意识中转化到我们的意识中，将自身的光明和阴影进行交流和整合。

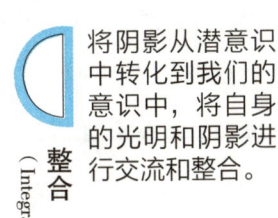

图11-6　阴影转化的ARI模型

以一位参与"自变领导力发展训练营"课程的公司创始人的阴影为例。在课堂中，他识别和承认（Acknowledge）自己的阴影是"贪婪"。他一直讨厌贪婪的人，包括他"贪婪"的下属。这给他带来了很多的烦恼。可以想象一旦一些朋友、家人、公司内部的属下谈及个人利益的分配时，他都有可能将这种阴影投射给他人。这显然带给这位创始人非常大的困扰。但通过阴影的转化，他有机会反思（Reflect）并意识到"我讨厌那些贪婪的人"可能是自己的阴影。因此，他有机会审视自己是否也有贪婪的时候。在利益平衡的过程中，贪婪的尺度应该如何设定。他开始重新理解每个人（包括他自己）都期待最大化自己的利益，这也是合情合理的。因此，他尝试整合（Integrate）慷慨（光明）和贪婪（黑暗），并接受那些以前他称之为"贪婪"的人的相关行为，从而变得更加有包容度和同理心。他也有机会看到，他内心的厌恶情绪并不是那些"贪婪"的人们造成的，而恰恰因归因为自己内在的阴影。因此，他更愿意以慷慨、包容和平和的心态面对自己和面对他人了。

组织阴影的处理方式

如果领导者意识到个人和组织阴影的存在，他就创造了一个管理文化的有力抓手。组织阴影的识别和改善是领导者变革组织的一个重要方法。领导者对阴影的认识越强，他们获得创造力和组织变革的能力就越强，这有助于领导者打造一个真实、完整和健康的组织。

我认为，领导者处理组织阴影可以遵循三个步骤（如图11-7所示）：

Identify（发现）
- 组织中的领导者普遍厌恶员工能力不足

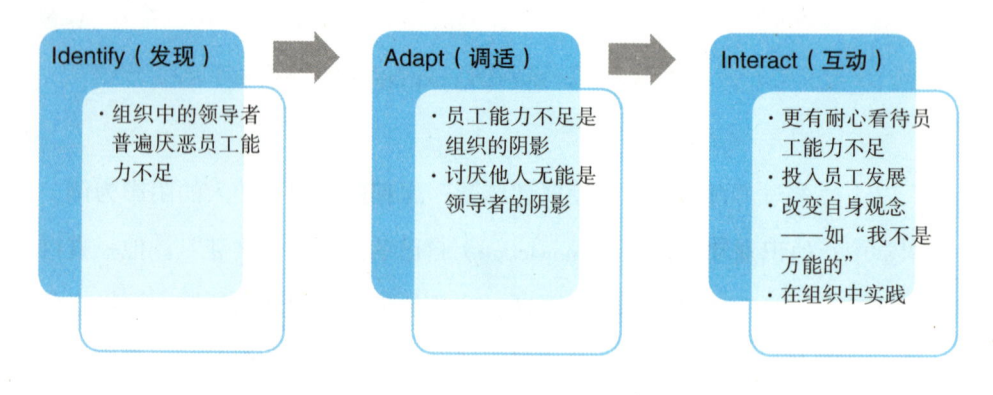

Adapt（调适）
- 员工能力不足是组织的阴影
- 讨厌他人无能是领导者的阴影

Interact（互动）
- 更有耐心看待员工能力不足
- 投入员工发展
- 改变自身观念——如"我不是万能的"
- 在组织中实践

图 11-7　组织阴影转化的 IAI 模型

发现（Identify）：尝试确认哪些组织问题是由于领导者或者组织的阴影导致的。从组织面临的挑战问题出发，我们可以轻易识别出组织可能面临的一系列阴影问题。

调适（Adapt）：发挥调适型的领导力，调整对于组织阴影和组织问题的看法。

互动（Interact）：和组织阴影展开互动，公开讨论问题，建立原则，并实践变革。

在之前所述的调研中，我们发现中国组织内普遍存在对"无能""缺乏创业热情""学习能力弱"以及"无法有效合作"的排斥情绪。从组织阴影的视角出发，我们可引导组织及其核心领导者发现（Identify），这些情绪可能是由组织阴影所引发的，从而促使组织以更耐心的态度去面对和解决这些挑战。例如，当组织内普遍对员工能力不足表示不满时，应识别到这种不满情绪其实是组织阴影的一种体现，它只会加剧内部对员工的负面看法，进而阻碍员工的真实发展。

若核心领导者能调适（Adapt）他们对组织阴影的认知，意识到"讨厌无能员工"的观念其实是自身及组织共有的阴影，这种自我觉察将帮助他们认识到，这种排斥情绪是一种阴影现象。

在这个过程中，组织中应该鼓励更多关于组织阴影问题的互动（Interact）讨论。从而引导组织中的领导者识别阴影，转化观念，建立原则和实践活动，有效带动文化观念的转型。

当领导者有勇气接受阴影时，这会帮助他们重振组织和文化。领导者和组织也会在自身成熟度上迈进一大步。他们会更加敏锐地洞察人和组织的问题所在，并以更富创造性的方式来重塑自己与组织。

第 12 章

专家的思维陷阱

> 没有人能够做出超过他们意识水平的行为,通过认识到这一点,你原谅了你自己。
>
> ——埃克哈特·托利

> 仅凭专业技术,成不了真正的艺术大师,必须让技巧升华,成为无艺之艺,发自无念之中。
>
> ——铃木大拙

心智整合 MIND INTEGRATION AT WORK

神秀和慧能的故事

据《六祖坛经》记载,慧能的师兄神秀在五祖的要求下,作偈颂来表明自己修行的成果。那时六祖慧能刚刚进入寺院,被分配去磨米。而神秀则一直跟随五祖修行,在众多弟子中排行老大,也有相当的威望。神秀接到这个任务后,就把偈颂写在南廊的墙壁上,表达他的见解。这首偈颂是这样写的:

"身是菩提树,心如明镜台,时时勤拂拭,勿使惹尘埃。"

但五祖看后知道神秀还未入门,认为他没有看到自性。但五祖还是让大家将神秀的偈颂在寺院内传颂,并称如果依照这首偈颂修行,可免堕入恶道,能获得大的利益。众弟子都背诵这首偈颂,并纷纷赞叹。

五祖私下告诉神秀:"你作的这首偈子还没有见到自性,只是门外汉一个,未曾进门入室。这样的见解,要想用它来觅求无上菩提,终究不可得。"

有一个童子跑到慧能面前诵念了神秀的偈子,慧能听后也认为没有见性,马上给出一首自己的偈,并请他人代为书写(慧能那时候并不识字),因此就有了那首流传至今的偈颂:

"菩提本无树,明镜亦非台,本来无一物,何处惹尘埃?"

五祖看后知道慧能才真正悟得自性,并于半夜将心法及衣钵传授给慧能。

因此，慧能成为禅宗的第六代祖师，最终将禅宗发扬光大。

如果从心智角度来看，神秀大师的偈颂充分显示了专家的心智模式。他有身份的感知（身是菩提树），有专业的定义（心是明镜台），有不断努力的工作状态（时时勤拂拭），有完美主义的追求（勿使惹尘埃）。

而慧能却完全否定了这些，他破除了身份（菩提本无树），脱离了专业（明镜亦非台），从而获得了自性的解放（本来无一物，何处惹尘埃）。

这则故事也给我们带来了从专家心智向更高层次心智发展的一个典型范例。

心智整合 MIND INTEGRATION AT WORK

专家的出现

随着中国改革开放和市场经济的发展，孕育了大量的专业公司和组织。在这样的组织中，涌现出很多专业人员，他们是营销专家、技术专家、IT专家、财务专家、人力资源专家、管理专家等。

如果反观我们的教育系统，专科学校和大学都是为了培养专业人员设置的。当青少年进入大学，他们就有了专业的定位。虽然很多人毕业了未见得从事自己专业的工作，但这样的经历塑造了专业分工的心理定位。一个人工作后，也会逐渐塑造自己的专业身份。当然，能够熟练掌握特定专业的技能，并能逐渐胜任相关工作才会在组织中被认为是某个领域的专家。

维基百科中将专家（Expert）定义为通过实践和教育，在知识、技能和经验方面具有广泛而深刻的理解能力的人。专家被认为是相关技能的可靠来源，他们对于专业的判断往往正确、公正且明智，也拥有同行或公众在专业领域中被认可的权威地位。专家常常会被邀请就各自的专业主题提供建议，但他们并不总能就专业领域的细节达成一致。

成为专家是大部分职业人士的追求。人们努力学习，希望在职业生涯中成长为某个领域的专家。专家代表着专业、被认可、高收入和有质量保证的工作产出，他们也可以更加自主地管理自己的工作和生活。

专家的多样化是现代社会出现的明确标志。各个领域的专家不断涌现，我们可以成为专家的维度也在不断增加。古代是"学而优则仕"，现代社会则是"学而优则专"。不同领域涌现出各样的专业人士。专业的认证数不胜数，财务金融有 CPA、CFA、CMA；教练被国际教练联盟（ICF）分为 MCC（大师）、PCC（职业）、ACC（专业）等不同资格。这造就了一种幻象，如果你不具备某种专业资格，就无法从事特定专业的工作。这和看重教育背景是一样的，教育和职业经历让我们更客观地审视和辨别不同人的专业能力，但另一面，专业的泛滥也意味着很多人可能具备专业的资质和教育经历，但却没有能力开展专业的工作。当今社会，专业的壁垒越来越高，不同专业的转换变得难以跨越。通常情况下，学习法律的，不会去做财务的工作；做人力资源的往往不会考虑去做业务和营销工作。成为专家是一种身份的构建，当我们逐渐构建出自己的专业身份时，也就建立了一种自我感知：我是这个专业的专家，而不是其他专业的专家。

相比那些还没有成为某个领域的专业人员而言，成为专家绝对是我们应该追求的目标，这也是现代社会带给人们的福利。成为专家会收获诸多利益：首先，我们将成为一个高度自主的个体。按照成人意识进化的规律，一个人成为专家意味着我们成为一个高度自主（Self-Authoring）的人。"我们从社会环境后退一步，从而产生了内在自我的判断和个人权威，这帮助我们对外部环境的期待展开判断和做出自己的选择；我们通过我们自我的信仰体系、意识形态或者个人身份认知来体现自我，从而可以用自我的声音来自我主导、表明立场、设定范畴和边界"（凯根）。因此，一个具有专家身份感的人也拥有了自律性，我们会设定自己的目标，有自己做事的基本原则和边界。我们也因此获得了身份感和成就感。在完成一项专业任务后，在收获同事、客户、同行的赞许时，在获得特定领域的专业资格确认后，在取得无论是工资、稿费、专利费或者帮助业务取得业务收入的时候，专业带给我们的身份感和成就感油然而生，这样的成就感会刺激多巴胺的分泌，最终导致一种内在的满足和意义感上的获得，从而让我们愿意继续努力，持续获取。专业的成就感会让我们上瘾，像每天早上必备的咖啡一样，欲罢不能。

心智整合 MIND INTEGRATION AT WORK ▶

专家的心智陷阱

我在这里并不想过多渲染成为专家的收益，而是要讨论当我们成为专家后需要面临的各种挑战。对于那些还没有成为专家的人，成为专家显然是人生路上首先要达成的一步。但当我们成为某个领域的专家（专业人员）后，我们将面临一些新的人生问题和挑战。

"功绩社会"的"合格一员"

如果你已经认为自己是某个领域的专业人士（专家）时，那么恭喜你，你已经成为"功绩社会"中的合格一员。

什么是功绩社会？这是韩炳哲在其哲学著作《倦怠社会》中创造的。他认为"福柯的规训社会由医院、疯人院、监狱、营房和工厂构成，已经不再适用于描述当今的社会。取而代之的是另一种社会形态，由健身房、办公楼、银行、机场、购物中心和基因实验室建构的社会。21世纪的社会不再是一个规训社会，而是功绩社会。其中的成员也不再是'驯化的主体'，而是功绩主体。他们成为自身的雇主。那些规训机构的围墙，过去用来分隔正常与异常的疆域，现在变成历史的遗迹"。

"功绩主体不受外在的统治机构控制，没有外力强迫他工作或剥削他。他是自身的主人和统治者。因此他无须屈从于任何人，或者说只屈从于自身。但尽管摆脱了统治机构，却没有导向自由。自由和约束几乎在同一时刻降临。

功绩主体投身于一种强制的自由，或者说在自由的强制之中，以达到最终目的——效绩的最大化。工作和效绩的过度化日益严重，直到发展成一种自我剥削。这比外在的剥削更有效率，因为它伴随着一种自由的感觉。剥削者同时是被剥削者。施虐者和受害者之间不分彼此。这种自我指涉性产生了一种悖论式自由，由于其内部固有的强制结构而转化为暴力。功绩社会的精神疾病，便是这种悖论式自由在病理学上的显现。"

韩炳哲从哲学的角度指出，成为专家让我们融入了现代的"功绩社会"。我们形成了对于工作的控制感，我们不断追求完美，高度理性，善于应用逻辑，我们排斥非理性，并对那些非理性的神话嗤之以鼻。我们不仅仅和他人竞争，我们越来越多地展开自我内在的竞争。在有限的时间资源下，我们的工作生活充满了内在竞争，我称之为"时间的内在竞争感"。我们因为专业而骄傲，实际是我们害怕别人认为我们不专业。因此，我们有意回避挑战，回避被否定；我们认为向一般人员学习没有价值，而崇尚向权威学习。如果这个人入不了我们的专业法眼，那肯定不是我应该学习的对象。我们向往卓越，推崇"从优秀到卓越"。而在这个过程中，我们作为专业人员希望控制这个通往卓越的过程，内心认定很多不够专业的人员可能会阻碍干扰甚至破坏我们达到卓越的高峰。我们不相信神话，我们自己成为自我的主宰。我们自我驱动，自我否定，自我压迫，自我防卫，自我剥削，自我约束。因此，我们永远无法和自己和解，无法放松自我，从而更容易情绪化，甚至极易产生神经官能症（亚健康状态），那种查不出疾病却感觉各种不适的生存状态。

在我们成为专家的过程中，也会形成一系列专家特有的阴影。我们开始讨厌那些不专业的人、没有能力的人、不遵守时间和规则的人。因此，我们生出傲慢、固执、保守、顽固等相对偏执的阴影表达。在一个专家密集的组织中，我们常能够观察到的组织问题包括：无法协作、标准过高、过度完美主义、追求功绩、缺乏变革、互相排斥、抗拒虚无的概念（如愿景）等。

"意义感"的虚无

意义感的虚无可能是专家面临的另外一个关键挑战。专家善于理性的思考，而对于诸如"我是谁""我的工作意义"这样的问题总会感觉虚无缥缈，无法回答。当专家的身份认同建立在实实在在的专业感知上时，这些虚无的问题实际上会威胁到我们作为专家的身份认同。因此，很自然我们会选择排斥。

专家的心智阶段是严重排斥神话的阶段。进入专家心智的人们开始理性思考这些实践，变得更加实事求是，内心逐渐排斥各种虚无的观念。从科学理性的维度，作为专家的我们会认为神话就是人为编造的故事。但我们没有意识到的是，当神话无法再赋予我们生存的意义时，我们不得不面对的是一种没有方向和目标的生活。我们终究不是自己的神，无法独自追寻内在的认同，因此我们无法掌控焦虑与内心的负罪感。而现代医学给了人们心理治疗和抗抑郁药物，这让人们得以某种层面的补偿。

罗洛·梅在其《祈望神话》一书中说道："神话是我们对相互联系着的外在世界与内在自我进行的自我解释；在一个艰难且经常无意义的世界中，神话对于保持我们心灵的活力、给我们的生活以新意义是非常重要的。那些不朽的概念，美、爱、天才的灵感，总是在神话寓言中突然出现或娓娓道来。"

专家排斥神话，往往意味着排斥自我认同。在外部，他们会排斥各种虚无的概念。而当今组织中经常谈到的使命、愿景、价值观也容易被专家心态的人们划入这一虚无领域，很多专家心智的人用"画大饼"等词语来形容这些组织行为，并排斥参与其中。

"完美主义"的桎梏

最近，国内一家大型电信公司的运营总裁突发疾病去世了。有消息称他是在长跑之后突发心脏病猝死的。这也折射出一个专家的窘境，他们在不断追求完美和卓越。很多人都跑步健身，但专家心态的人有可能会追求那种卓越的状态，而去跑马拉松。

也许，很多专家心态的人要誓死捍卫的是自己的完美形象。他们以专业、完美、卓越、优秀为荣。反过来，他们担心甚至焦虑的就是自身是完美的反面：不够专业、问题频出、被他人看低、无能、失败。追求完美在大部分时间都能被专家有效地管理，但也会出现在压力下崩溃的时刻。追求完美最终可能演化为崩溃和失败。但专家心态的人好像并没有为这样的危机场景做好充分的心理准备。

因此，专家对于自己和他人错误的容忍度往往比较低。在他们的思维中，出错就意味着失败。这是他们希望极力避免的局面。而当他们发现他人出错时，也常常会暴跳如雷。错误并非需要被极力避免，错误中孕育着成功的因素。"失败是成功之母"这样的格言，需要被专家心智的个体逐渐接受。当我们认为错误和失败也值得鼓励和庆祝时，我们才能更加富有创造力地投入工作中。

只愿意做自己擅长的事情

"专家都乐于去做那些自己擅长的事，有可能一直去做，最终将使得我们一直只会做擅长的那些事。"埃米尼亚·伊贝拉在其《能力陷阱》一书中这样认为。"我们很乐于去做那些我们擅长的事，于是就会一直去做，做得越多，就越擅长。这样一个闭合循环如同上瘾一样，我们深深为之吸引，因为我们的快乐和自信都来源于它。它还会让我们产生误区，让我们相信擅长的事就是最有价值、最值得投入时间的。久而久之，那些擅长的事务占据了我们绝大部分的时间，使我们无暇顾及其他更有意义、更有价值的事情。当我们为期望的结果努力时，能力陷阱就会出现。当我们完成专业的任务时，由于表现良好且无可替代，我们极有可能被留在原来的岗位上。我们因此被自身的优势和最擅长的技能禁锢住了。"

如何跳出专家的思维陷阱

有意思的是，专家面临的诸多心智陷阱是当今很多组织都希望解决的问题，但却一直无法有效解决。事实是，只有我们能跳出自己的专家心智局限，我们才能从新的心智维度审视，找到可能的解决方案。

在卡巴金的《多灾多难的人生》中，提到了达成正念的七大核心理念，我认为，可以作为帮助我们跳出专家思维陷阱的途径。当我们理解我们的很多思维处于专家的心智模式时，我们可以学习：

- 不评判（Non-Judgmental）：保持纯然的觉察，而不对种种身心经验，如感受、想法、身体感觉等做好或坏的评判和取舍。
- 耐心（Patience）：对身心的种种状态和外在环境保持平常心，与之和平共处。
- 初心（Beginner's Mind）：怀有赤子之心，面对每一个当下的情境，好奇、开放，不用陈旧的习惯来做出自动化反应。
- 信任（Trust）：相信自然和生命的智慧，对学习保持信心和兴趣，相信时机成熟，相应的结果自然出现，而种种结果都是好的安排。
- 无为（Non-Doing）：不强求想要的结果，或某种特定的经验，放下努力和希求，只是处于当下，觉察此刻的种种状况。
- 接纳（Acceptance）：如实观照并面对此刻的情境与身心状态，不加以排斥与抓取。

- 放下（Letting go）：对已经过去的经验与情境，不执着和贪恋，安住在此刻的生命经验中。

在当下的功绩社会中，谈到放下和无为似乎是天方夜谭。因此，如果我们和专家心态的人谈到这些理念，他们往往会认为这不太可能，但这恰恰是我们向更高心智层面发展时需要不断学习和磨炼的。

第 13 章

你的完美为何无法达成

破山中贼易,破心中贼难。

——王阳明

如果把自我成就当成人生最重要的事情,到后来一定会失望。

——杨定一

心智整合 MIND INTEGRATION AT WORK ▶

美好目标总是无法落地

个人发展计划（Individual Development Plan，缩写为 IDP）是当今组织中非常重视的一种发展领导者的方式。

制定个人发展计划（IDP）的首要步骤是协助参与其中的领导者建立清晰的自我认知。缺乏系统的自我认知，许多有志于成长的领导者往往难以独立制定出有效的 IDP。自我认知可以通过多种手段来实现，包括上级的反馈、360 度评估、评价发展中心、性格测评等。在过去二十多年的实践中，我们通过"SIAC 领导力发展模拟舱"帮助了很多领导者（学员）建立系统的自我认知，在课程的最后一个环节，学员都可以轻松地制定出详尽的个人发展计划。

这样的实践让我们确信我们找到了帮助组织中的领导者建立 IDP 的有效模式：那就是通过系统的自我评估和他人反馈来建立自我认知，并清晰的制定出个人的 IDP。

然而，IDP 在制定后，其后续的有效执行和落地却是一大挑战。无论对组织而言，还是对个人而言，这都是业界普遍面临的难题。组织中的学习发展专家会发现 IDP 的执行中困难重重。很多组织在发展活动中，填写了精美的 IDP 表格，但随着时间的推移，却发现这些 IDP 中的目标大多未能得到有效的跟进和落实。

大家都会感到诧异，为什么美好的目标却得不到落实？当我们询问学员为什么 IDP 无法落实时，总能得到一些类似的答复："我天天忙于工作""我的事情很多""我忘了做""我总想着，但还是没有找到机会落实""老板和 HR 也不来追问我的 IDP 了"……

这些说法是不是听起来非常熟悉。其实，我们经常会陷入这样的执行困境中。当我们希望做出一些改变，如：我想减肥；我希望保持身体的健康；我想提升下属的能力；我想强化自己的商业敏锐度，但生活和工作还是会像以往一样继续，我们往往很难有实质性的改变。

我曾经参加过一个非常棒的冥想课程。课后一起学习的同学决定成立一个学习小组，大家可以每天打卡分享自己的冥想活动。随后几天，十几位同学中有五六位每天都会在微信群中分享自己的冥想活动。一周过去后，打卡的人都慢慢消失了……

人的改变本身就很难。凯根教授就讲过一则笑话：荷塘边有 15 只青蛙，其中 9 只青蛙想"我要跳到池塘里"。让我们来猜一下后面还有几只青蛙留在池塘边。你的答案是 6 只吗？但其实可能是 14 只，因为这些青蛙想了后，只有一个青蛙行动了。

心智整合 MIND INTEGRATION AT WORK ▶

变革免疫分析

每个人都有发自内心希望达成的美好愿望。而当组织和个人希望推动实现那些和工作相关的美好目标时，就产生了个人发展计划（IDP）这样的做法。个人发展计划（IDP）不仅仅是个人的愿望，也和组织希望达成的目标紧密关联。例如：

- 我希望成为一位激励人心的领导者；
- 我希望深化我的战略思考；
- 我希望更加果敢地决策。

为什么我们有了想法却缺乏行动和转化的力量哪？心智发展的理论认为我们有两种意识，一种是美好的表层意识，另外一种是我们都没有看到的潜意识。美好的意识就像开车时踩在油门上的那只脚，而潜在的意识就像踩在刹车上的另一只脚。当我们希望行动时，总有一股内在的力量在阻挠我们。这个内在的力量让我们的美好愿望无法落实。凯根教授创造了一种叫变革免疫分析的方法（Immunity To Change，缩写为ITC）。用这样的方法，我们有机会深度理解是什么样的内在力量阻碍了我们达成更美好的目标。你会发现，这种阻碍力量恰恰是我们那些根深蒂固的内在信念。如果没有像ITC这样的方法，我们是无法意识到自己的内在信念的。心理学家詹姆斯·赫尔曼是这样描述那些隐藏的个人信念的："我们没有意识到的，我们具有的思想，却掌控着我们。

我们可以通过下面的这个变革免疫分析的例子来发现那些我们无法察觉，但却无时无刻不在掌控着我们的内在观念。

结合个人希望达成的美好目标，变革免疫分析是这样展开的：

第一步：首先明确业务的目标，从业务的目标推导出个人希望发展的目标。

例如：

- 我的业务目标是：我希望打造一个有凝聚力的团队。
- 那么，我的个人发展目标就可以设置为：我要强化个人领导力，提升团队凝聚力。

第二步：写出与这样的目标相抵触的日常行为。

例如：

- 我忙于业务，无法顾及团队；
- 我总是直接纠正团队成员的错误；
- 我总是让团队成员互相竞争，分出高低对错；
- 我没有为团队成员明确清晰的团队远景和目标；
- 我很少组织团队建设的活动。

第三步：基于第二步的行为写出如果我不那样做，我的担心和隐藏的承诺。

例如：

- （如果我不忙于业务），我担心业务受到影响；

- （如果我不纠正团队成员的错误），我担心团队成员一错再错；
- （如果我不让团队成员明确对错），我担心团队无法达成高绩效；
- （如果我为团队成员设定远景），我担心团队成员不喜欢务虚的做法；
- （如果我组织团建工作），我担心团建流于形式。

这样的担心可以转化为一种我们内心强烈的承诺。

例如：

- 我承诺决不让业务受到负面的影响；
- 我承诺决不让我的团队出现什么重大错误；
- 我承诺绝不能让团队无法达成高绩效；
- 我承诺不要让团队成员不高兴；
- 我承诺决不让团队的行动流于形式。

第四步：将这些承诺转化为我的关键假设，使用"如果承诺无法达成，对我将是极其糟糕的境地"的句式。

例如：

- 如果我们的业务受到负面的影响，我将是一个失败者；
- 如果我的团队出现任何重大的错误，我就是一个失败的领导；
- 如果我的团队达不成高绩效，我将不是一个好的领导者；
- 如果我让团队成员不高兴，团队的士气将受到负面影响，我就是一个不称职的领导者；
- 如果我让团队的行动流于形式，我们的团队将是一个失败的团队。

我们可以将上面的分析内容有序的输入到一张变革免疫分析（ITC）的表格中（如表13-1所示）。在最后一栏，我们可以尝试颠覆自己推导出来的关键假设，从而带来颠覆性的新观念和新想法。（请注意每一个栏目中的相同序号的语句表达是相互关联的）

当我们推演到第四步，我们的关键个人信念（我的关键假设）就显露出真容。这些关键的假设对于我们自己而言，往往是相当正确的，是我们认为的"绝对真理"。

"如果我的团队出现了任何重大的错误，我就是一个失败的领导""如果团队达不成高绩效，我将不是一个好的领导者"，这些难道不是非常正确的价值判断吗？我们就是这样判断领导者的有效性的：完美不出错，能够带来高绩效。GE在杰克·韦尔奇时代业绩卓越，大家将杰克·韦尔奇奉为管理大师，认为他是一位杰出的领导者。而在伊梅尔特时代，虽然GE的业务也获得了数倍的增长，但后期暴露出的问题以及他卸任后GE的业务重组，让很多人已经将伊梅尔特作为一个失败的领导者看待了。"领导者就是要确保团队不出错，领导者就是要带领大家取得高绩效"这样的理念难道不是当今商业社会中我们奉为金科玉律的绝对真理吗？

如果领导者无法看到自我内心的"绝对真理"，那些信念就会无时无刻不在控制着他们，阻止着领导者来实现更大、更美好的目标。这也就解释了个人发展计划为什么总是无法落实的根本原因，就在于领导者内在的诸多观念一直在阻挠着他们向更好的状态迈进。

反而言之，只有当我们能调整那些我们坚信的"绝对真理"，我们才有可能迈向更广阔的发展空间。

表 13-1 变革免疫分析表格示例

我要实现的目标	与之相反的行为	我的担心和承诺	我的关键假设	颠覆假设
业务目标：创造一个有凝聚力的团队	1. 我忙于业务，无法顾及团队 2. 我总是直接纠正团队成员的错误 3. 我总是让团队成员互相竞争，分出高低对错 4. 我没有为团队成员明确清晰的团队远景和目标 5. 我很少组织团队建设的活动	我的担心： 1. 我担心业务受到影响 2. 我担心团队成员一错再错 3. 我担心团队无法达成高绩效 4. 我担心团队成员不喜欢虚的做法 5. 我担心团队建不成流于形式	1. 如果我们的业务受到负面的影响，我将是一个失败者 2. 如果我的团队出现任何重大的错误，我就是一个失败的领导 3. 如果我的团队达不成高绩效，我也是一个不好的领导者 4. 如果我让团队受到负面影响，团队的士气将不高兴，我也就是一个不称职的领导者 5. 如果我让团队的行动流于形式，我们的团队将是一个失败的团队	1. 即使我们的业务受到负面的影响，我也不会是一个失败者 2. 即使我的团队出现重大的错误，我们也能成功 3. 即使我的团队达不成高绩效，我也是一个好的领导者 4. 即使让团队成员不高兴，的团队也不会受到负面影响，我也是一个优秀的领导者 5. 即使我让团队的行动流于形式，我的团队也不会是一个失败的团队
个人发展目标：强化个人领导力，提升团队凝聚力		我承诺： 1. 我承诺决不让业务受到负面的影响 2. 我承诺决不让我的团队出现什么重大错误 3. 我承诺绝不让团队无法达成高绩效 4. 我承诺不要让团队成员不高兴 5. 我承诺决不让团队的行动流于形式		• 创造允许犯错的团队氛围 • 鼓励团队成员从错误中学习 • 尝试重新定义高绩效（高绩效一定是我来决定的吗？高绩效一定是我来决定的吗？是团队的高绩效还是整个组织的高绩效等等）将这个内容带人团队中讨论，征询大家的看法 • 重新界定团队的高绩效

184

改变观念才能达成更好目标

因此，我们可以设置一些实验来尝试突破那些我们认为的"绝对真理"。

例如：针对"如果我的团队出现任何重大的错误，我就是一个失败的领导"和"如果我的团队不能取得高绩效，我就不是一个合格的领导者"这两个关键假设，我们可以颠覆这些观念，并尝试实践一些新的行为。

我们可以来尝试建立新的假设：

- 即使我的团队出现错误，我也是一位好的领导者；
- 即使我的团队达不成高绩效，我也是一位优秀的领导者。

基于这些貌似荒谬的新观念，我们并不急于否定它们，而是通过设计一些实验帮助我们在安全的场景下验证这些观念的合理性，并尝试新观念带给我们的新的行为模式，包括：

- 创造允许犯错的团队氛围；
- 鼓励团队成员从错误中学习；
- 尝试重新定义高绩效（高绩效一定是高的销售额吗？高绩效一定是我来决定的吗？高绩效是短期的高绩效还是长期的高绩效？是团队的高绩效还是整个组织的高绩效？）将这些内容带入团队中讨论，征询大家的看法；

- 重新界定团队的高绩效。

领导者可能会发现，通过这样的实验，反而能给团队创造出不断从错误中学习的氛围。同时，通过对高绩效的再认知，领导者可以树立更加全面的绩效观念，从以往单纯地追求高销售额向让客户满意、让团队有凝聚力、保持长期竞争优势等高绩效目标转化。

如果实验成功，领导者将实现一些内在的观念转化：

- 从"苛刻地要求团队成员把事情做对"转向"引导团队成员从错误中学习"；
- 从"看重销售业绩"转向"更加全面的绩效追求"；
- 从"绩效是我个人的责任"转向"绩效是团队努力的结果"。

如何转化心智观念

下面我再列举几个在《自变领导力发展训练营》课程中，我帮助参与的同学实现观念转化的例子。

例子一：

关键假设："如果下属不认可我，我将不是一个好的领导。"

尝试改变后的关键假设："即使下属不认可我，我也是一个好的领导。"

新的行动模式：

- 从"别人眼中的领导"转向"自己定义的优秀领导者"；
- 从"被下属意见影响"转向"影响下属接受更加有效的领导者标准"。

例子二：

关键假设："如果我被客户拒绝，我将失去生意。"

尝试改变后的关键假设："即使客户拒绝了我，我也能取得生意的成功。"

新的行为模式：

- 从"短期希望拿下业务"转向"坚持长期努力赢得业务的成功"；
- 从"赢得订单"转向"和客户构建信任关系，深度理解客户需求"；
- 从"我赢得"转向"从客户需求出发满足客户需求"。

例子三：

关键假设："如果我无法合理规划时间，我将无法成功。"

尝试改变后的关键假设："即使我不能合理规划时间，我也可以成功。"

新的行为模式：

- 从"关注时间管理"转向"正念"；
- 从"感知时间不够用，充满竞争性"转向"专注于当下，把当下关键的工作做好"；
- 从"时间的稀缺感"转向"时间的富足感"。

例子四：

关键假设："如果我不够专业，我将无法领导他人。"

尝试改变后的关键假设："即使我不够专业，我也可以领导他人。"

新的行为模式：

- 从"不断强化专业知识的学习"转向"对于调适性能力的学习，如领导他人的能力，建立影响的能力"；
- 从"感觉自己不够专业"转向"回顾已具备的知识和经验，建立自己的专业感"；
- 从"掌握专业的知识"转向"整合他人专业的建议和想法"；
- 从"自己是专家"转向"尝试利用他人的专业能力达成更大的工作目标"。

思维模式转变带来领导力的升级

从上面的例子可以看出，美好目标无法达成的主要原因是我们的思维局限。发展目标可以分为两种，一种是技术性的发展目标，另外一种是适应性的发展目标。所谓的技术性发展目标就是那些通过掌握专业知识、技能和经验而达成的目标，如成为一名会计师，成为一名律师。技术性的发展目标需要的是不断坚持技术层面的学习和锻炼。在这个维度，一万小时定律可能是非常有效的。而适应性的发展目标就是那些不能用现有的知识和技能一劳永逸解决的目标，如"我希望成为一位凝聚人心的领导者"或者"我希望提升自己的商业敏锐度"。从前面的分析中不难看出，适应性发展目标的主要阻碍因素是我们的内在信念。通过变革免疫分析，我们才有可能看到我们的内在信念并尝试撼动这些信念。当我们有机会转化我们的内在信念，也就意味着我们的心智得到了成长和发展的可能，我们会以一种更大更广阔的心态来看待这个世界。

在我著的《自变》一书中，就提到了从自主思维模式向自变思维模式转变时领导力发生的显著变化。在自主的思维模式下，我们看重的是时间管理，而自变的思维模式下要求领导者从时间管理模式转向正念的模式。其他几个关键的领导力转变包括从"达成结果"向"变革创新"的转变；从"学习已有知识技能"向"强化领悟未知的能力"的转变；从"解决问题"向"与问题共处（定力）"的转变；从"目标管理"向"具备远见"的转变（如图13-1 所示）。

自主（单环学习）   **自变（双环学习）**

- ☐ 时间管理   ☐ 正念
- ☐ 达成成果   ☐ 变革和创新
- ☐ 学习知识技能（已知） ☐ 领悟力（未知）
- ☐ 解决问题   ☐ 定力（与问题共处）
- ☐ 目标管理   ☐ 远见

图 13-1 　从自主向自变转换的领导力变化

领导者如何知行合一

从上面的分析可见，众多领导者难以实现美好目标的核心原因已经昭然若揭。若要落实我们的美好目标，实践知行合一，领导者需要学习运用变革免疫分析手段，深入挖掘那些潜藏于我们内心深处、阻碍愿望实现的认知假设，进而尝试突破这些固有认知，并通过精心设计的实验来尝试新的行为方式，逐步将我们带入崭新的思维和行动境界。

我们也可以得出如下几点结论：

- 美好目标不应仅仅停留在表达自我改变的决心层面，而应深入探寻并克服内在信念的障碍；
- 美好目标不应该只是对现有的行为模式的强化，更应该是去探索更好的创新行为模式；
- 美好目标不应该只是熟练现有的技能，更应该是去提升和转化我们的心智模式。

SHOWING UP

第四部分

展现

本部分聚焦于帮助读者将内在心智的成长通过具体的行为和成果展现出来，鼓励读者尝试在双环学习、原则创造、文化塑造以及灵性成长等方面的学习和实践。核心内容包括建议领导者从单环学习迈向双环学习，鼓励领导者突破固有学习模式，实现思维和行为的变革；阐述优秀的领导者都善于创造原则的特质，明确好原则的特征和创造方法，以及原则对组织的重要意义；强调领导者是组织文化的创造者，提出了组织文化 3.0 的观点，并强调塑造文化本身就是领导者锤炼心智的有效方法；最后探讨了领导者的灵性成长，揭示灵性的内涵及其对领导力形成的影响，鼓励读者持续探索在灵性维度的成长和发展。

第 14 章

从单环学习迈向双环学习

如果你聚焦于取得某种结果,你永远不会改变。但如果你聚焦于改变,你可以得到更好的结果。

——杰克·迪克森

当我们的注意力从经验转向知晓一切的宽阔意识时,智慧随之生发。

——杰克·康菲尔德

心智整合 MIND INTEGRATION AT WORK ▶

领导者可能并不善于学习

学习可以让我们获得成长，让我们的工作和生活更加成功。谈到学习，多数人首先想到的是知识技能的获取。对于已经获得一定成功的业务领导者，传统观念往往都认为他们非常善于学习。的确他们中的大多数人都接受过良好的教育，学习记录良好，在工作中具备专业能力，可以独当一面，仿佛他们一直都是学习的高手。但如果有机会细节观察，你可能会看到一些完全相反的图景，那就是很多这样的业务领导者其实并不善于学习。他们会以工作繁忙，时间不足为由拒绝在工作中持续学习和自我反思，也不愿意接纳他人的建议。在遇到问题和挑战时，他们往往会外化问题，归咎于外部环境或他人，而很少从自己的角度出发来做出必要的改变和调整。

由于业务上的成功，很多领导者会形成对既有成功路径的依赖。在自己熟悉的业务领域，当面临挑战时，他们往往会表现出自大傲慢、固执己见、因循守旧、拒绝内省的状态。实际上他们内心会惧怕失败，而且多年的成功体验让他们形成了一种价值指导体系（如哈佛大学的教授克里斯·阿吉里斯指出的）：

（1）他们往往希望通过自己的努力达成结果，非常看重自己单边的权力；

（2）由于一直以来的成功体验，他们往往希望尽可能的赢，尽量避免失败；

（3）他们学会了压抑自己的负面情绪，会让别人看到其成功和专业的一面；

（4）他们总希望呈现出自己理性的一面。

从失败中学习

而这样的状态让不少业务领导者在面临解决不了的问题时，都会采取抵抗和防备的动作。每个人都有自我对失败的内在恐惧。我个人在中学的时候学习成绩很好，但当大学学习微积分时，我却无法理解。我现在还清晰地记得当时内心的沮丧和压力。同样的，当我后来选择创业时，也经历了非常长时间的对于创业失败的恐惧感受，事实上我的一些创业尝试也以失败告终。但这些经历让我学会了该如何面对人生中随处可能出现的失败。从足够长的时间跨度来看，我们的任何努力都可能会以失败终局。但大部分人可能一生都没有学会该如何接受失败和从失败中学习。

哈佛大学的教授克里斯·阿吉里斯在 20 世纪 80 年代研究了数千名在顶级咨询公司中工作的管理顾问的学习状态。他发现这些人中龙凤由于学业优秀，一直非常成功，反而无法在现实中持续学习和改变。很多组织中的领导者其实都有这样的状态。他们大都在自己的业务领域取得了某种程度的成功，可以承担组织业绩的达成。这些都是经过长期的学习得来的，但也形成了一种束缚，那就是他们往往不能看到自我的业务逻辑背后的假设，也往往无法真正的挑战自己的现实工作状态和不足之处。

单环学习和双环学习

克里斯·阿吉里斯将这样的瓶颈定义为从单环学习向双环学习的转换障碍。单环学习是指由行动到成果的学习模式。大部分业务领导者的成功恰恰建立在这样的学习模式上。经过持续的学习和经验的累积，他们掌握了如何获得业绩成果的一系列行为技巧和经验方法。如很多业务领导者通过累积经验和学习管理技能，掌握了如何制订战略、运营业务、管理人员。但当获得了关于自我作为业务领导者的系统认知、身份理解和技能方法后，当环境要求其转化身份、工作方法时，他们往往会本能的排斥和拒绝。这就是当很多组织中需要系统变革时，管理者却无法主动响应。亨利·明茨伯格曾说过，"每个经理都有一个基于自我经验和知识构建的世界的心理模式。当管理者必须做出决定时，他们会自然使用自我心理模式中的行为选项。"这就是所谓的单环学习。

双环学习在单环学习之上，强调不仅仅改变学习的方法和提高学习的效率，以取得成果。双环学习强调改变目标本身和挑战行动背后的假设。克里斯·阿吉里斯在其《教会聪明人如何学习》一文中，使用家庭空调作为类比，可以很容易地理解单环和双环学习。单环学习就是关于实现给定的温度，就像空调设置为25摄氏度，在温度超过25摄氏度（目标）时，空调会自动启动冷气来降低温度。而双环学习则指的是更改空调系统的温度设置，如将25摄氏度的温度设定改为24摄氏度（即改变系统的目标）。

事实上，双环学习不仅可以改变目标，还可以质疑目标和达成目标的行动背后的假设，从而设定新的目标以及采纳完全不同的处理方法。

INSEAD 教授曼弗雷德在《刺猬效应》一书中提到过这样一则故事：

> 曾有一位女士向神明祈求，希望能目睹天堂与地狱的景象。当夜，她首先踏入了地狱的梦境。在那里，一张硕大的餐桌映入眼帘，其上摆满了各式各样的珍馐美味。然而，围坐在桌旁的一群饥肠辘辘之人，尽管每人手中都握有一把勺子，却因勺柄过长，无法将食物送入口中。美食近在咫尺，却遥不可及，众人或哭泣，或哀叹，满是绝望。
>
> 次日夜晚，女士的梦境转向了天堂。令她诧异的是，天堂与地狱的景致竟如此相似——同样的餐桌，同样的佳肴，同样手持长勺的饥饿人群。但不同的是，这里没有哭泣与抱怨，只有欢声笑语与满足的笑容。原来，天堂中的人们学会了用那长长的勺子相互喂食，共同享受这份美味。

曼弗雷德用这则故事来比喻组织内部需要通过合作来实现变革。而我却觉得这则故事非常好地说明了单环学习和双环学习的区别。地狱中大家都吃不到食物，因为他们习惯了用短的勺子自己吃。而当短的勺子变成长的勺子时，他们就不会吃饭了，而是开始哭泣和抱怨。（这难道不是很多组织中出现问题时的隐喻吗？）但双环学习让我们审视行动背后的假设："我们拿勺子一定是给自己喂食吗？"当我们颠覆了这个假设，认识到其实可以"我为人人，人人为我"时，长勺子不再是障碍，而是有效的工具，让每个人都可以微笑地分享美食了。我们也就可以看到双环学习带给人们的真正收益。

对于习惯于单环学习的组织而言，往往会采用控制和分级管理的管理方式。在这样的组织中领导者很可能会被制度化，从而形成一种重分析的、线性的、"非学习"的心态。他们可能愿意学习支持其目前管理做法的技术（即单环学习），但如果需要挑战他们目前做法背后的假设（双环学习），他们很可能会采取守势甚至反对。

从单环向双环学习转化

首先，我们需要看到从单环学习向双环学习的转化会带来本质的效果改变：

- 单环学习强调结果正确，双环学习让我们看到多重的现实和可能；
- 单环学习让我们理解解决问题的框架，双环学习让我们不断重塑问题的框架；
- 单环学习追求的是正确的结果，双环学习追求的是结果之上的意义；
- 单环学习的对象是学习知识，双环学习激发出对世界认知的持续好奇心；
- 单环学习对应单边控制，双环学习让我们看到双边和多边的权力，从而可以从单边的控制中解放出来，创造更加开放和学习型的组织。

单环学习和双环学习转变的底层原因是心智的跃升。只有当我们从自主的心智模式（专家和成就者）跃升到自变的心智模式时，我们才可能实现从单环学习转化到双环学习的模式中。

因此，如上一章谈到的，单环和双环学习的领导者和组织所表达出的领导力也是泾渭分明的（如图14-1所示）。

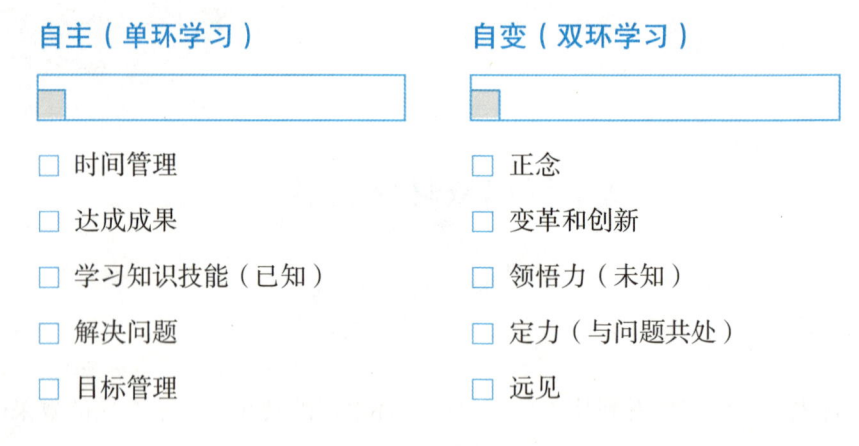

自主（单环学习）	自变（双环学习）
☐ 时间管理	☐ 正念
☐ 达成成果	☐ 变革和创新
☐ 学习知识技能（已知）	☐ 领悟力（未知）
☐ 解决问题	☐ 定力（与问题共处）
☐ 目标管理	☐ 远见

图 14-1　从自主向自变转换的领导力变化

以"时间管理"和"正念"这对领导力为例，很多管理者都强调"时间管理"，因为人们普遍的观念都认为时间是线性的、有限的。因此，时间管理意味着管理者需要分清任务优先级，并在有限的时间内取得最大化的业绩产出。但"时间是有限的、线性的"这样的观念其实仅仅是一种假设，它值得我们来挑战。当我们不认为时间是有限的、容易失去的资源时，领导者会建立一种完全不同的时间观念：那就是聚焦于当下，驱除内心由于时间流逝而产生的焦虑心理。这就是我们所说的具备"正念"的领导者。他们则更有可能专注于要实现的目标，处理好时间的压力，从而取得更大的成功。

再来看看"达成成果"和"变革与创新"的关系。杰克·迪克森有一句名言："如果你聚焦于取得某种结果，你永远不会改变。但如果你聚焦于改变，你可以得到更好的结果。"这句话就说明了单环和双环学习的不同效果。在单环学习模式中，领导者被灌输了需要强化执行才能获得绩效的管理思维。接受这样思维的管理者往往会为了取得更高的绩效而不断强化自己和团队的工作投入，甚至不计成本和代价。这样的管理状态无疑产生了诸多的负面效能，如员工士气下降，为了利润不择手段而伤害客户利益，无谓的工作投入等。而双环学习需要的是挑战我们的目标和行动后的假设，由此带来真正的变革和创新。当许多家电企业在竭尽一切努力大规模生成吸尘器等家电时,英国的戴森公司却通过系统的工程创新,改变了吸尘器、电吹风等家电的内在设计和制造逻辑,而带来了业务的突飞猛进和凌驾于业界之上的竞争优势。

领导者需要学会双环学习

克里斯·阿吉里斯建议用一种基于探询的对话形式展开双环学习。这样的对话帮助领导者质疑有关自身领导力的基本假设以及信念的有效性。例如，领导者可以通过对下列关键问题的探询，来不断挑战自身行为背后的假设。

- 我为什么担任自己所做的职位？
- 是什么因素让我采取现在的工作标准？
- 我在这些标准中发现了哪些矛盾？
- 我在适应这些矛盾时使用了哪些理由？
- 我在过去有什么样的失败经历？
- 从这些失败中我是否需要新的策略？
- 我信以为真理的价值观和行为规范有哪些？
- 这些价值观和规范在现在和未来的环境中是否还一样有效，是否可以修正？

这样的对话往往不见得是柔风细雨，而会给领导者本人带来强大的冲击。正如阿吉里斯所说："良好的对话并不平滑或可以马上帮助你消除错误。但这些对话有着内在的善良。在这个过程中，错误是不断地被解释和纠正的，他们并不兼容和协调，而其中的冲突是需要不断面对和解决的。"

在双环学习中，和学习化学或数学不同的是，参与者自身形成了学习环境中的假设和信念。这些假设和信念可能非常强烈，使双环学习对领导者而言显得非常困难，甚至形成了直接的威胁。因此，虽然传统的教育和培训课程可能涉及一定程度的双环学习，但它们往往强调单环学习，即学习如何更好、更高效地做到自己认为该做到的。双环学习则意味着我们必须改变思维习惯，挑战和重构根深蒂固的假设，以新的和不熟悉的方式行事。这对于许多成功的领导者而言都是极其艰难的。

领导力发展的首要目标就是要改变领导者的思维模式。双环学习可以帮助领导者学会如何改变思维，以及挑战那些存在于行动背后的观点。双环学习是一种独特的学习策略，它可以改变领导者的认知假设。因此，真正的领导力发展始于让领导者学会如何展开双环学习。

第 15 章

优秀的领导者都善于创造原则

当你的生活与真正的原则和价值观和谐相处时,心灵的平静就会出现,而不是以其他方式。

——斯蒂芬·柯维

成为自己的灯,成为你自己的避难所。

——黑塞

领导者的主要工作——创造原则

关于管理者和领导者的区别一直是管理领域的一个热门话题。如果从心智的角度理解，我们会发现领导者的一个显著区别特征在于领导者善于创造新的思想和原则，而管理者更多地侧重于遵循和执行组织或者自己既定的思想和原则。

这具体表现为：

（1）管理者遵循和贯彻工作中的框架，领导者不断定义工作中的框架；

（2）管理者坚持自己认为对的事情，领导者看到多元的世界；

（3）管理者主动管理已知，领导者善于探索未知；

（4）管理者强调目标和业绩达成，领导者强调工作的意义和组织的愿景。

用托伯特（Torbert）的三环反馈模型（如图15-1所示）来理解，如果组织中的管理者能建立单环反馈的机制，即他能清晰理解自我的行动会产生什么样的业绩和结果时，他就成为一位有成就者（Achiever）身份感知的管理者。但只有当一个人建立了双环反馈以及三环反馈的机制，即他能够为众人指明目标并能启迪愿景和意义时，他才算是一位真正意义上的自变（self-transforming）领导者。因此，领导者与管理者非常不同的价值点就在于领导者能够为众人构建新的思想和战略意图，并能为他人指明愿景方向和未来要达成的目标。

三环反馈
SuperVision 超洞见
愿景 / 意图 / 意识

双环反馈
Vision 洞见
战略 / 结构 / 目标

单环反馈
Action 行动
行动 / 结果

图 15-1　托伯特的三环反馈模型

如果我们来思考一下世间优秀的领导者的共同点，那一定是他们都善于创造和传播自己独特的工作思想和原则。所以很多优秀的领导者也是卓越的思想家。他们可能已经过世，但他们的思想依然流传于人间。

很多优秀的商业领导人的思想理念也在不断塑造着新的商业思维，如稻盛和夫、洛克菲勒、达利欧、贝索斯等，他们的思想都极大影响了商业社会，塑造了人们对于领导力、管理和商业的全新理解。

洛克菲勒是美国伟大的企业家，但他现在流传于世的却是他给自己儿子的关于财富、成长和人生的一系列原则总结和建议。这些建议现在读来都非常具备启发意义，如：

- **起点不决定终点**：起点可能影响结果，但不会决定结果。能力、态度、性格、抱负、手段、经验和运气之类的因素，在人生和商业世界里，都扮演着极为重要的角色。
- **天堂与地狱比邻**：天堂和地狱都由自己建造。如果你视工作为一种乐趣，人生就是天堂；如果你视工作为一种义务，人生就是地狱。

检视一下你的工作态度，那会让我们都感觉愉快。

- **最可怕的是精神破产**：你要宣布精神破产，就会输掉一切。你需要知道，人的事业就如同浪潮，如果你踩到浪头，功名随之而来；而一旦错失，则终其一生都将受困于浅滩与悲哀。

- **胜利和失败都是一种习惯**：我从不相信失败是成功之母，我相信信心是成功之父。胜利是一种习惯，失败也是一种习惯。如果想成功，就得取得持续性的胜利。

- **天下没有白吃的午餐**：如果人们知道出人头地，要以努力工作为代价，大部分人就会有所成就，同时也将使这个世界变得更美好。白吃午餐的人，迟早会连本带利付出代价。

- **谁都能成为大人物**：没有什么了不起，但没有什么比人更了不起的了，这要看你为你的同胞和国家做了什么。

当今世界最大的对冲基金——桥水的创始人达利欧有一本畅销书，就叫《原则》。在这本书中，集合了上千条围绕达利欧创立和管理桥水基金过程中，不断形成的生活和工作原则。当《原则》这本书出版后，极大地影响了世界范围内商业领导者的思维模式。达利欧说："良好的原则是应对现实的有效方法。为了总结出自己的原则，我花了很多时间思考。我将分享原则背后的思考，而不是简单地告诉你我的原则。"

由于广泛的传播，达利欧的很多原则也成为企业家奉行的管理原则，如：

- 头脑极度开放，极度透明；
- 痛苦＋反思＝进步；
- 迎接而非避免痛苦；
- 接受严厉的爱；
- 不要混淆目标和欲望；

- 拥有灵活性并自我归责；
- 理解你的自我意识障碍；
- 有意义的工作和有意义的人际关系不仅是我们做出的美好选择，而且是我们天生的生理需求；
- 理解大脑的主要斗争，以及如何控制这些斗争（意识和潜意识的斗争/情绪和思考的斗争）。

任正非是一位非常有思想并能够将自己的思想具化为工作原则的优秀商业领导者。这些工作原则也极大地推动了华为的成功。如：

- 我们持续成功有三个要素。第一，必须有一个坚强、有力的领导集团，这个核心集团，必须听得进去批评。第二，我们应该有一个严格有序的规则、制度，同时这个规则、制度是进取的，以确定性来应对不确定性。第三，要拥有一个庞大的、勤劳的、勇敢的奋斗群体。这个群体的特征是善于学习。
- 面子是无能者维护自己的盾牌。优秀的儿女，追求的是真理，而不是面子。只有"不要脸"的人，才会成为成功的人。要脱胎换骨成为真人。
- 十年来我天天思考的都是失败，对成功视而不见，也没有什么荣誉感、自豪感，而是危机感。
- 我们不主动打破自己的优势，别人早晚也会来打破。
- "进攻是最好的防御"，是指进攻自己，逼自己改进，从而产生更大优势。当我们发起攻击的时候，我们发觉这个地方很难攻，久攻不下去，可以把队伍调整到能攻得下的地方去，我只需要占领世界的一部分，不要占领全世界。只有实现战略上的舍弃，才能战胜一切。

- 触及自己的灵魂是最痛苦的。必须自己批判自己。
- 别人革自己的命，比自己革自己的命还要困难。要允许别人批评。
- 放下人云亦云的浮躁与作秀，用点实在精神了解社会，了解生活，了解谁才是这个世界脊梁。百年以来，我们中国人说得多，做得少；批评得多，建设得少；指责别人的多，自己力行的少。希望有些年轻人能看懂这样的文字，悟通这样的感觉，沉下心来，做点实事。
- 维持现状就是落后，满足现状就是死。
- 企业发展就是要发展一批狼。狼有三大特性：一是敏锐的嗅觉；二是不屈不挠、奋不顾身的进攻精神；三是群体奋斗的意识。
- 将责任与权力前移，让听得见炮声的人来呼唤炮火。

第 15 章 优秀的领导者都善于创造原则

什么是好的原则

好的原则能够让众人觉醒，破除大家思维中的障碍，获得思想上的成长，促发个人和集体的行动。在组织中，好的原则能够营造积极和创造性的工作氛围，形成明确且有效的工作规范，并能帮助组织成员突破认知边界。

但在组织中我们看到的现实情况却是大多数管理者并不能有效总结和提出创新的思想原则。正如奥托在《U 型理论》一书中提到的阻碍组织学习和变革的四重障碍一样，领导者无法提出有效的原则，根本的原因在于如下四个方面：

（1）没有认识到你所看到的（缺乏感知和思考）；

（2）没有说出你所想的（缺乏思考和谈话）；

（3）没有按你所说的去做（缺乏谈话和行动）；

（4）没有看到你所做的（缺乏感知和行动）。

反之，那些擅长总结和提出创新思想原则的领导者，通常具备深刻的洞察能力，能够深入地剖析问题的核心。他们不断思考总结，并通过写作和演讲，以逻辑严密、极具说服力的方式传达自己的见解。更难能可贵的是，他们坚持"知行合一"，言行一致，既能自我反思，也能观察他人，从而及时总结经验教训，持续更新迭代出新的工作原则和新的行动方案。

总结起来，优秀的领导者提出的原则应该具备如下特征：

（1）是领导者对于自我实践的思考总结；

（2）是领导者对于未来的预判；

（3）是领导者将自我思想和价值观行为化的工具，可以指导自己和他人的行动；

（4）是领导者帮助众人解决工作中面临的问题和挑战的思想产出。

如何创造好的工作原则

大部分优秀的领导者的原则是凭借自我经验和思考获得的。由于涉及个人的经历和头脑思考，很难被模仿。那么如何让更多的管理者可以创造出有价值的工作原则并能指导他人呢？

实际上，这是一个思维升级的过程。利用奥托的 U 型思考模型，我们可以将原则创造过程更加显性地呈现出来。

可以这样理解，任何的有价值的思想蜕变和创造都需要经过一个 U 型的下载过程和创造过程。变革免疫分析（ITC）提供了一个完美的思维下载程序（美好目标—相悖行为—担心和承诺—底层关键假设）。而当我们颠覆了由变革免疫分析生成的底层关键假设，就可以更加容易地创造出新的工作原则以及让原则落地的实践活动。也就是说，在 U 的后半部分，领导者需要基于底层的目的澄清来创造出新的工作原则和实践模式（如图 15-2 所示）。

以"解决组织中协作不利"这样的一个常见挑战为例，从图 15-2 我们可以看到，当领导者面对组织中协作不够的挑战时，他和伙伴可以一起追溯现象背后的事实（如"他无法和一些部门负责人友好相处。"），从而发现导致这一事实背后的感受（如"如果我顺着别的部门的负责人，他们会认为我好欺负——我承诺我绝不能让别人认为我好欺负。"），随后，他可以追溯到自我的底层关键假设（如"如果我让别人随意欺负，我就是一个弱者。"）。这时，我们可以看到每一个负面的观念背后都孕育着一种正面的力量。因此，领导者开始意识到"我们每一个人都希望强大，都希望有勇气"。

心智整合 MIND INTEGRATION AT WORK

1. 协作不够
2. 无法和一些部门负责人友好相处（事实）
3. 别人会认为我好欺负（我绝不能让别人认为我好欺负）（感受）
4. 如果我让别人随意欺负，我就是一个弱者（我的假设）
5. 我们希望强大、有勇气（共同意愿）

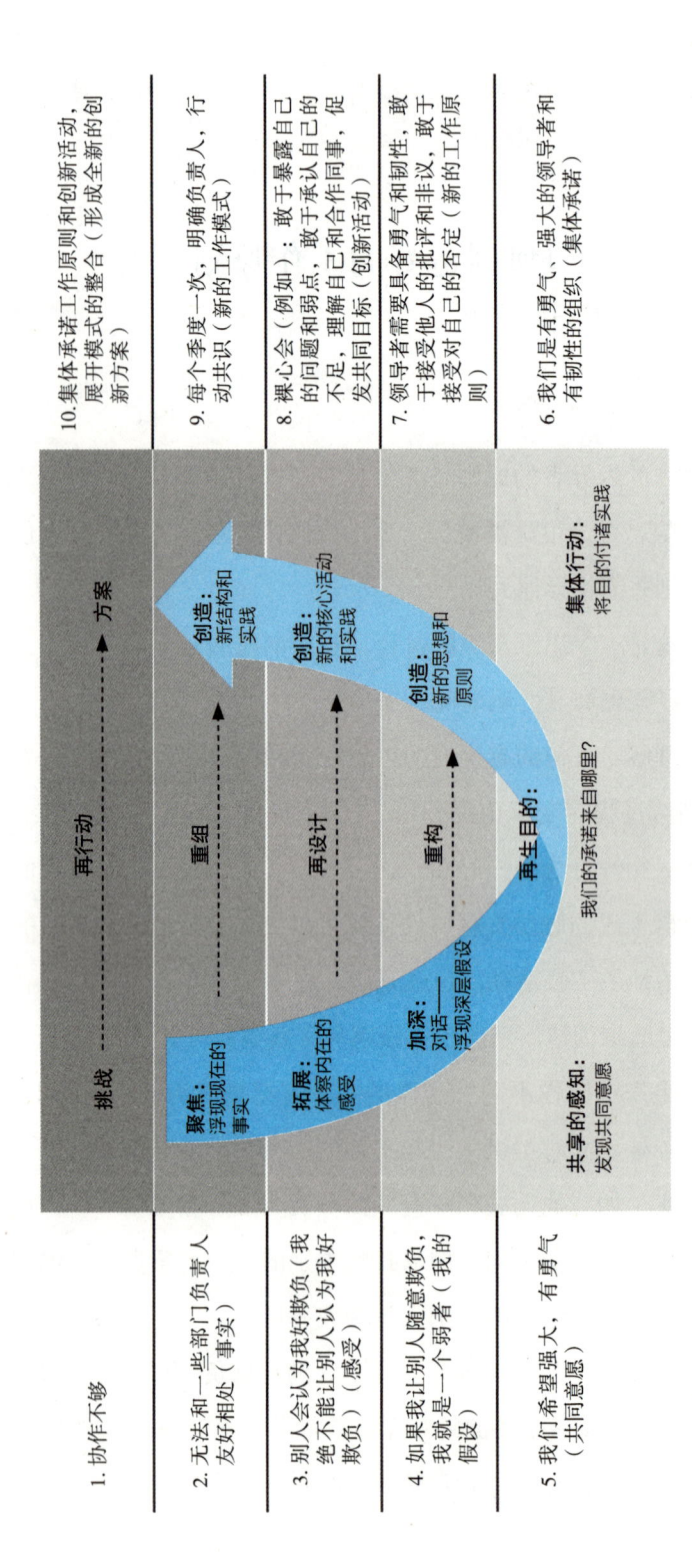

6. 我们是有勇气、强大的领导者和有韧性的组织（集体承诺）
7. 领导者需要具备勇气和韧性，敢于接受他人的批评和非议，敢于接受对自己的否定（新的工作原则）
8. 裸心会（例如：敢于暴露自己的问题和弱点，敢于承认自己的不足，理解自己和合作同事，促发共同目标）（创新活动）
9. 每个季度一次，明确负责人、行动共识（新的工作模式）
10. 集体承诺工作原则和创新活动，展开模式的整合（形成全新的创新方案）

挑战 --→ 再行动 --→ 方案

聚焦：浮现现在的事实
拓展：体察内在的感受
加深：对话浮现深层假设
共享的感知：发现共同意愿

重组
再设计
重构
再生目的：我们的承诺来自哪里？

创造：新结构和实践
创造：新的核心活动和实践
创造：新的思想和原则
集体行动：将目的付诸实践

图15-2 使用U型框架来创造工作原则

从这样的底层愿望出发，领导者和他的伙伴创造出一种集体的意愿和行动，那就是"我们要成为有勇气、有韧性、强大的领导者。"基于此，领导者可以创造出展现这些底层愿望的指导性原则（如领导者需要展现勇气和韧性，敢于接受他人的批评和非议，敢于接受对自己的否定）。领导者可以共创出若干指导原则，并开始思考，在工作中，我们该如何落实这些原则。因此，领导者可以共创出一系列的文化业务实践活动，确保团队有机会在工作中锻炼和落实这些新的工作原则。我们都知道阿里巴巴的"裸心会"，恰恰就是在领导者拥有这样的指导性原则的共识下，才可以有效开展的文化实践活动。在"裸心会"中，大家坦承自己的问题，并敢于指出他人的问题，群策群力地找到共同的解决方法和行动方案。如果将这样的原则和实践活动制度化，我们就能够有效地把这些原则和实践活动落地，最终在组织中形成一种全新的工作方式和文化状态。

在我指导一家客户组织中的管理人员发现自我关键假设的过程中，我们总结了如表15-1所示的内容。从中可以看到，正向的工作原则的产生往往是从颠覆自我的负向关键假设开始的。如一位管理者认为"假如主管不信任我，我的工作就无法开展"，而颠覆这样的关键假设就会产生一种新的观念，"即使主管不信任我，我的工作也能很好地开展。"如果将这样颠覆的关键假设用正向原则的语言表述，可以呈现为"不依赖他人，主动开展工作，不受关系的感觉影响。"从心智发展的角度来审视，新的原则让管理者从"关系导向"转向了"业绩目标导向"，带来了心智观念上的明显提升。

表15-1 从负向的关键假设到正向的工作原则

负向关键假设	颠覆的关键假设	有效的正向工作原则
假如主管不信任我，我的工作将无法开展	即使主管不信任我，我的工作也能很好地开展	不依赖他人，主动展开工作，不受关系的感觉影响
假如团队KPI无法达成，我将是一个失败的主管	即使团队KPI无法完成，我也是一个成功的主管	不以一时的失败否定自我，寻求团队成功的更广泛理解和定义

续表

负向关键假设	颠覆的关键假设	有效的正向工作原则
假如我无法激励团队士气，我将被认为毫无领导力	即使我无法激励团队士气，我也能展现我的领导力	拓展对于领导力的理解和认知，从对于结果的假想中解脱出来
假如下属与我的意见不一致，我将无法开展工作	即使下属和我的意见不一致，我也能有效开展工作	不追求绝对的意见一致，产生克服阻力的勇气
……	……	……

珍妮弗·加维·伯格（Jennifer Garvey Berger）在她的《走出心智误区》一书中总结了五种组织中管理者面临的典型心智误区，包括渴望简单故事的心智误区、感觉正确的心智误区、渴望共识的心智误区、渴望掌控的心智误区和捍卫自我的心智误区。我认为管理者还有另外一个显著的心智误区，那就是期望成功的心智误区。因此，我将"期望成功的心智误区"取代"渴望简单故事的心智误区"（我也非常认同珍妮弗定义的这个误区）。如图15-3所示中，如果希望破除这些心智误区，我列举了一些新的工作原则。如面对渴望掌控的心智误区，我们需要确立的新原则包括："管理精力和能量，而不是管理时间和自我感受"和"消减时间的内部竞争感"；而面对渴求共识的心智误区，新的原则可以是："不要追求表面的共识，而是要寻求行动上的一致性。"

渴望掌控的心智误区	·管理精力和能量，而不是管理时间和自我感受 ·消减时间的内部竞争感
捍卫自我的心智误区	·错误+反思=进步 ·开放地接受他人的观点，对外部保持开放
感觉正确的心智误区	·从失败中学习，任何的投入都有价值
渴求共识的心智误区	·不要追求表面的共识，而是要寻求行动上的一致性
期望成功的心智误区	·领导者应该展现勇气和信心，不怕被拒绝，否定，不怕失败，敢于面对不确定性

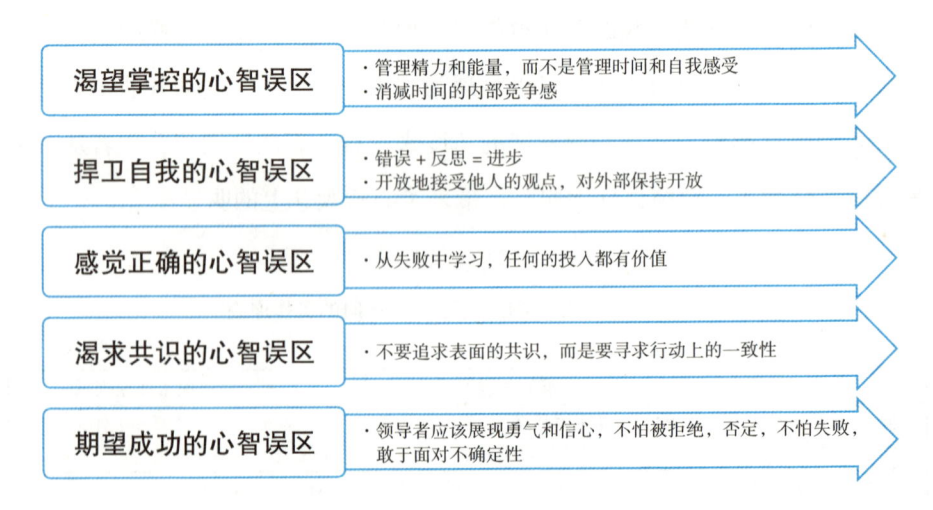

图15-3 克服心智误区的创新原则举例

好的工作原则带来的收益

好的工作原则能让领导者和他人受益。总结起来，好的工作原则能带给我们一系列益处。

结构： 领导者创造的优秀原则可以帮助他人更加结构化地看待世界。领导者的工作就是在无序、混沌的世界里建立秩序感。当领导者输出的原则得到众人的理解和认可，也就是在无序的世界中建立秩序感和确定性的时刻。

颠覆： 领导者创造的优秀原则往往能颠覆人们头脑中现有的陈旧观念，带给人们完全不同的理解和认知。

清除： 领导者创造的优秀原则可以清除人们内心的恐惧，让人们生出希望、勇气和信心。

利他： 领导者创造的优秀原则往往可以帮助他人走出小我，看到大我，帮助众人感受到更好的生活和工作状态。

迭代： 领导者创造的优秀原则可以帮助众人迭代思维。

整合： 领导者创造的优秀原则可以帮助大家整合原来看起来矛盾的观念，从而弥合分歧，带来和谐。

第 16 章

领导者是组织文化的创造者

神通过创造发现自己。

——泰戈尔《飞鸟集》

人类力量从来不是个人行为的结果，而总是源于大规模的人类合作。

——赫拉利

心智整合 MIND INTEGRATION AT WORK ▶

领导者创造和管理企业文化

被誉为"企业文化之父"的埃德加·沙因认为领导者所做的唯一真正重要的工作就是创建和管理文化。的确，领导者的成长历程大都会经历从"管理人员"到"管理团队"再到"管理组织和文化"的转变。很多管理者最初对于文化一无所知，但当认知不断成长，他们都会将自己的工作重心放在更加自觉地创建和管理组织的文化上来。他们有的善于在组织内外部阐明和宣传文化，有的则通过持续的写作分享自己对于企业文化的观点和看法，有的则不断推动创建企业内部有特色的文化活动。在明了文化效能的领导者心目中，文化不再是抽象的概念或者是简单的使命愿景价值观的呈现，而是具体的理念和切实的行动。文化也因此成为领导者在组织中推动组织前进，达成更高绩效，实现组织使命的核心抓手。

微软的首席执行官纳德拉（Satya Nadella）上任后带领微软实现了微软商业帝国的中兴。2014年，纳德拉上任时，微软的市值为2500亿美元，而到了2023年，微软的市值高达2.5万亿美元，是十年前的十倍。如纳德拉在自己的自传《刷新》中所述，他对微软的变革是从文化开始的。

他在一次采访中谈道："2014年我成为CEO时，作为公司的老员工，我感到我们需要重新定义公司，重新回归到核心使命和目标的本质，然后在这个使命的基础上追求新的、大胆的事物。我们首先是一家工具公司。这正是我们的核心，我们构建技术，以便其他人可以构建更多的技术，让我们回归到这个使命中。另一个方面是文化，我喜欢基于成长思维的文化框架。我们不想成为那些自诩为无所不知的人，而是想成为那些愿意学习的人。这真的是一个很好的框架，因为首先，它并不是一个新 CEO 提出的新教条。我认为这是一些人作为人类的一部分，它有助于我们成为更好的父母、更好的伴侣、更好的同事、更好的邻居、更好的领袖。所以在这两点之间，我为公司重新定义了使命。"

瑞·达利欧创立了全球最大的对冲基金管理公司桥水，而且还通过他的著作《原则》详细介绍了他几十年来是如何在桥水内部创立桥水独特的企业文化。他每天都写出若干工作原则，并将这些原则和组织成员沟通，从而创造了桥水的"海豹突击队"式的企业文化。

达利欧在《原则》中记录了他是如何开始持续写作和分享他的工作原则的："以此为起点，我们开始书面记录我们的原则，这种做法持续了几十年，最终形成了'工作原则'。这些原则既是我们一致同意的相处规范，也是我对我们如何处理不断出现的新情况的思考。因为大多数情况都是以略微不同的形式不断出现的，所以这些原则被持续改进。……把我们的工作原则写下来，并一致遵守，就像遵守我们的投资原则一样，这对我们理解彼此至关重要。"

不论是任正非，还是达利欧和纳德拉，这些世界一流的企业领导者都通过自己的方式在组织中创造了独特且有效能的文化。从这些优秀的文化领导者的实践中，我们可以看到，良好的文化能够帮助组织应对不断变化的内外部挑战，培养面向未来的领导者，获得优秀的业绩结果。而糟糕的文化本身就会成为企业战略执行中的桎梏，降低员工的士气，并在外部的压力下尽显颓势。

企业文化的 3.0 视角

反观组织中的很多管理者，其实并不理解文化的效能以及如何创造文化。很多管理者对文化采取放任的态度，任由组织的文化自由生长；也有管理者认为文化是人力资源的工作，是公司内部张贴的标语和团建活动，甚至会刻意回避参与其中。而一些大权在握的领导者完全按照自己的主观意愿引导文化，却不见得能够真正推动组织。可见，"文化构建能力"并不是领导者可以天然具备的，而是成熟的领导者逐渐习得的能力。

事实上，企业文化的概念大约是在 20 世纪 80 年代才形成。1982 年美国学者特雷斯·迪尔与阿伦·肯尼迪在其合著的《企业文化——企业生活中的礼仪和仪式》中指出："企业的文化应该有别于企业的制度，企业文化有自己的一套要素，即价值观、英雄人物、礼仪及仪式、文化网络。"这四个要素的地位和作用分别是：

（1）价值观是企业文化的核心；

（2）英雄人物是企业文化的具体体现者；

（3）礼仪及仪式是传输和强化企业文化的重要形式；

（4）文化网络是传播企业文化的通道。

这也是很多人现在一谈到文化最容易理解的概念。企业文化就是特定组织的使命、愿景和价值观表述；企业文化是通过特定的礼仪和仪式得以展现；企业文化需要在组织中不断宣传并获得员工的认同和践行。因为广为众人熟悉，很多人感觉企业文化是表面化的，很多时候我们宣传的文化和我们做的事情并不能保持一致。

在20世纪90年代，美国麻省理工学院的教授埃德加·沙因带来了对于企业文化的升级理解。他在《企业文化生存和变革指南》中指出："企业文化是一个群体在解决其外部适应和内部整合问题过程中习得的一系列共享深层假设的集合，它们在群体中运行良好且有效，因此被群体传授给他们的新成员，并作为其解决类似问题时感知、思考和情感体验的正确方式。"

沙因将文化分为三个层次，它们分别是：

人工饰物（Artifacts）——可以观察到的管理制度和工作流程。

价值观念（Espoused Values）——企业发展战略、目标和经营哲学（信奉的正当性原则）。

深层假设（Underlying Assumptions）——人们意识不到的、深入人心的信念、知觉、思维和感受等。

沙因提出深层假设是文化的根基。但这些深层假设往往是人们说不清和道不明的。这也增加了人们对文化的理解以及文化创造过程中的难度。

由此出发，我发现可以用心智理论来诠释文化的底层逻辑，我们对沙因提出的"深层假设"会有更清晰更细节的理解，从而让文化的各个层面的表达获得一致性。那就是心智（深层假设）决定了价值观，价值观表达出工作原则，而工作原则用于指导组织活动的具体实践（如图16-1所示）。从这张图，我们可以将企业文化理解为："由核心领导者和全体员工心智模式塑造的价值理念，界定了组织成员希望和/或真正秉承的行事原则，并以特定的行为模式在组织中展开的实践活动。"

如果将特雷斯·迪尔与阿伦·肯尼迪提出的企业文化视为企业文化的1.0版，而埃德加·沙因的企业文化视为企业文化的2.0版，那么就可以将我现在提出的企业文化的"心智—价值观—原则—实践"模型看作企业文化3.0的视角。它解决了以往企业文化的几个关键挑战：

心智整合 MIND INTEGRATION AT WORK

- 企业文化的底层假设无法被有效解构；
- 组织中不同心智的个体对于企业价值观理解不同；
- 组织缺乏对于企业价值观的细化工作原则；
- 组织缺乏有效的文化实践活动来落地组织文化。

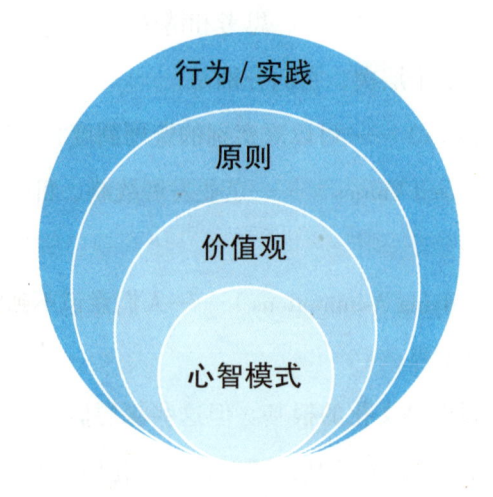

图 16-1　企业文化的"心智—价值观—原则—实践"模型

　　通常情况下，组织中的领导者和员工并不能有效说明自身的心智模式以及价值观念。虽然每个企业都有自己宣传的价值观，但这样的价值观和每个人底层的心智模式支持的价值观往往是背离的。当组织遇到内外部挑战时，人们往往会用他们底层心智认可的价值观，而不是企业宣传的价值观来解决组织面临的问题和挑战。所以就造成了企业的文化价值观和具体行动实践的脱节现象。例如，许多企业秉承"正直"的价值观，但组织中不够"正直"的行为比比皆是。再如很多企业强调"协同"，但大家首先顾及的却是自己或者小团队的利益。所以真正的文化应该是"知行合一"的，那就是组织成员能够不断探索和理解个体和集体的心智模式（深层假设），并基于此创造更高心智模式下的价值观和指导原则，且能够将更好的价值观和原则注入组织行为中，让组织持续焕发出生命力。

以桥水公司为例，我们可以看到达利欧的文化构建工作不是简单地定义公司的使命、愿景和价值观，而是将文化构建的重心放在打造非常具备实操性和指导性的工作原则，以及一系列高度数字化的文化实践活动上来。在《原则》一书中，我们可以看到上千条他在工作中提出的具体工作原则，也可以看到他在桥水推行的一系列文化实践活动，如用于集体决策的"集点器"、用于记录员工能力画像的"棒球卡"和用于解决冲突的"分歧解决器"等（如图16-2所示）。

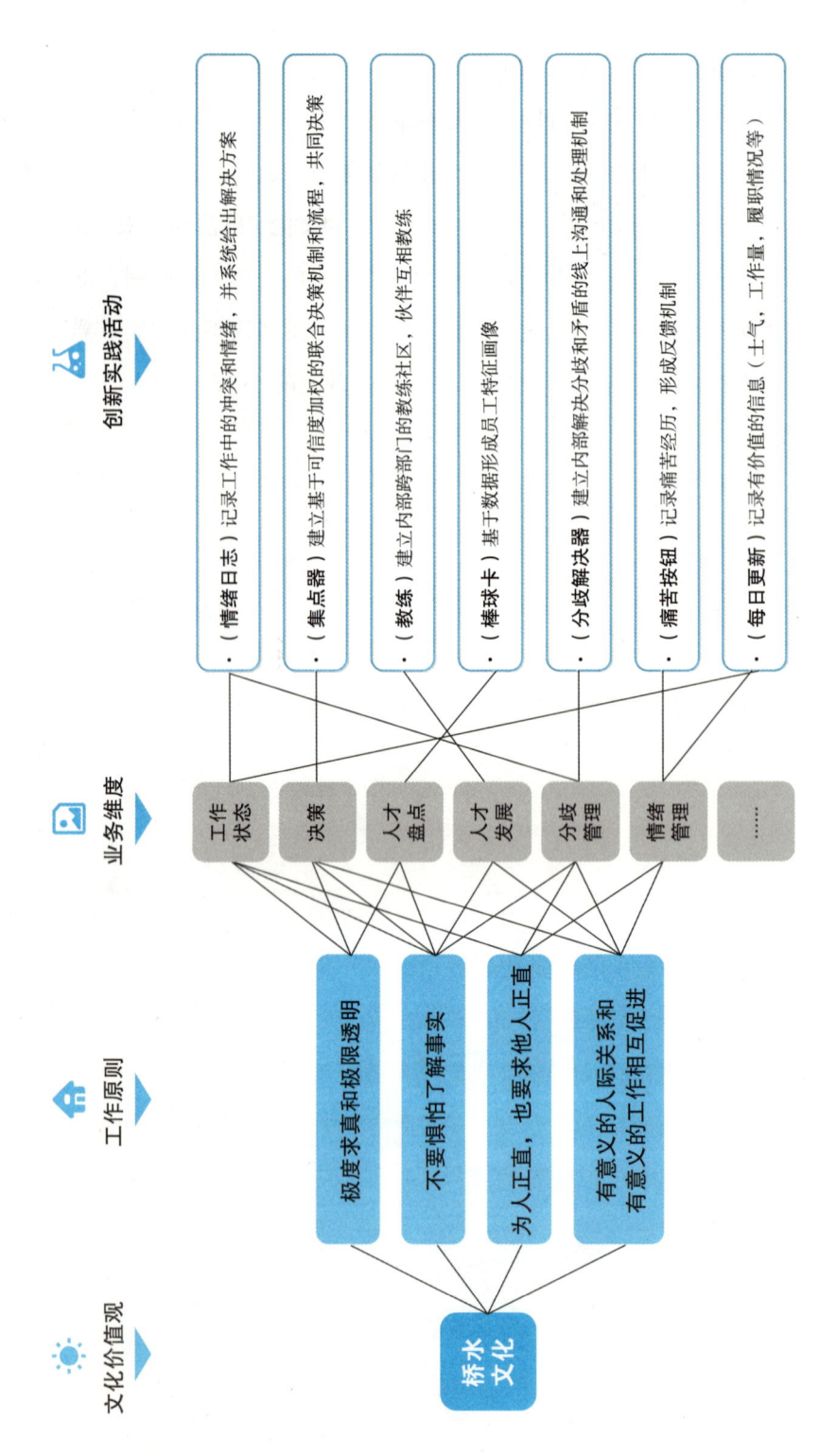

图 16-2 桥水的"心智—价值观—原则—实践活动"一览图

现有企业文化建设的核心挑战

桥水的文化创造过程可以成为领导者创建企业文化的学习样本。它解决了大部分企业普遍面临的文化创造和变革中面临的突出问题。按照图 16-1 的"心智—价值观—原则—实践"模型,我想详细阐述一下很多现代企业面临的主要文化挑战和建议的解决方法。

挑战一:大部分人无法说清楚自己的底层假设(心智)

虽然很多组织有价值观,但不同心智的个体和组织对于价值观的理解存在差异。

领导者需要理解不同心智的个体对于同一个价值观的理解可能有本质的不同。如我们经常在组织内部倡导的"协同合作"的价值观,对于"工具型"思维的个体,他的底层逻辑其实是希望个人获胜,而与他人合作只是实现个人目标的手段而已;对于"社会化"心智的个体,协同合作意味着互相依赖,保持友善;"自主—专家型"心智的人在协同合作时往往关注基于专业认同上的协作和有效性,他们通常不愿意和不够专业的个体和团队协作。因为那样的协作会被他们视为是工作中的拖累,而非支持;对于"自主—成就者"心智的个体而言,协同合作意味着一起取得成就,集体的能量往往大于个体。而对于"自变型"的领导者而言,协同合作意味着互补和赋能相结合,他们更愿意在协作中为他人赋能并提供协作的动能。在如表 16-1 所示中我举了三个价值观的例子，我们可以看到无论是上述的"协同合作"，还是"推动变革"和"追求创新"，不同心智的个体对于价值观的理解都会有本质的不同。

表 16-1　不同心智的价值观表达差异

心智类型	协同合作	推动变革	追求创新
工具型	个人获胜	不愿变革，简单抗拒	无法理解或者简单抗拒、简单尝试后的自我否定
社会化型	依赖型协作，关注维护友善的工作关系	被动跟从，或者回避和退缩，易受他人负面思维影响	低意愿，被动参与和接受，模仿他人创新
自主—专家型	实用的，专业导向的协作或不协作	从自我视角审视变革的有效性，并决定个人对变革的态度	容易陷于自己专业判断而拒绝创新
自主—成就者型	共同成就的协作	对于变革的态度保持积极参与推动姿态，能够主动参与变革	围绕现有业务逻辑的创新和改进
自变型	在协作中赋能，为他人提供转化动能	不断优化变革建议，考虑风险因素，强化自己和他人拥抱变革的能力状态	愿意接受失败，整合多方观点，持续探索创新的多种可能性

挑战二：很多组织有价值观，但缺乏具体的工作原则指导

很多企业都有价值观描述，但具体到细节的工作环节却缺乏指导性的工作原则，从而使得价值观和具体工作脱节。因此，在上一章《优秀的领导者都善于创造原则》中我阐述了优秀的领导者需要学习创造具体的工作原则来指导自己和他人的工作。

我们曾经帮助一家国内的家电企业重新界定文化价值观的内涵并细化为工作原则。这家企业有明确的价值观描述，但大家普遍感知到员工的工作行为往往和价值观背道而驰。比如他们有"用户第一"的价值观，但大家却很容易列出在工作中和"用户第一"的价值观相互抵触的行为。如：

（1）我们部门的工作非常繁忙，让我们有时无法经常思考和探寻用户如何看待我们的产品和产品功能；

（2）对于用户的反馈，我们没有紧密跟进；

（3）我们甚至认为有些用户的反馈是不合理的，我们会拒绝或者找到理由证明用户的投诉是非理性的；

（4）如果用户有不认可的现象，我们也没有主动和其他部门联动解决（担心给其他部门找麻烦）；

（5）当我们感觉到别的部门不能有效展现用户第一的思维和行动时，我们也没有提出不同意见。

而上面这些行为有其合理性，每个行为都是由特定的"深层假设"决定的。和上面的行为一一对应，我们可以通过变革免疫分析来帮助组织成员理解这些行为背后的"深层假设"是什么：

（1）如果我失去了本部门同事的认可和支持，我将无法开展工作；

（2）如果我们的工作压力过载，我将无法快乐的生活；

（3）如果我们被用户的非理性意见左右，我们将无法开展科学的产品设计和开发工作；

（4）如果我给其他部门造成了麻烦，我将是一个麻烦制造者；

（5）如果我得罪了其他业务合作部门，我将面临工作中的挫败。

接下来，我们带领组织中的领导者尝试颠覆这些深层假设。大家就会发现，作为组织中的领导者，大家都向往"更加自主的、有韧性的、集合感性和理性思维的、不怕得罪他人的、敢于表达用户思维"的工作状态。基于这样的心智升级，领导者可以进而创造出基于更高心智的指导工作原则，如：

（1）用户文化需要有自己的独立主见和创造性的思维，不从众，而要与众不同。

（2）用户文化要敢于投入，要有额外的时间用于思考和践行用户思维和创新行动。

（3）用户文化就是要明白用户的非理性意见孕育着用户的需求和期待，需要理性思考并整合到我们的产品和服务创新中。

（4）用户文化就是要敢于给其他部门提出意见，每个人自己都是用户思维和创新的第一推动者，为此，不惧怕挑战同事和提出问题。

从这个实战案例可以看出，我们要做到知行合一，就需要了解现有行为习惯背后的深层假设是什么，从而才有机会迭代心智模式，创造更高心智的指导原则，让我们的行动有可能和我们的期待的美好状态（价值观）保持一致。

挑战三：业务活动和文化活动脱节，使得文化活动不能支持业务活动

很多组织觉得自己有文化活动，其实是表面的文化活动，如团建和聚餐等。大部分的组织其实都缺乏和业务高度相关的文化活动。很多企业的业务集中在设计、采购、生产、营销、销售和售后服务这样的价值链条中，却鲜少有专门和业务高度关联的文化活动。

因此，组织内部应该倡导建立能够和业务高度关联的文化活动。这样的活动体现组织倡导的价值观，有具体的工作原则指导，并能支撑业务的更好达成和组织的更好成长。

在这个方面，华为的"红蓝军对抗"和阿里的"裸心会"可以被视为创新文化实践活动的典范。

"裸心会"：为了建立公司管理层和员工的信任问题，阿里巴巴创新提出了"裸心会"这一文化实践活动。裸心会的内在逻辑是让参与者把自己的内心放开，把心里最真实的东西在团队里做互动和交流，来建立团队的充分信任，从而支持组织内部的协作共赢。

"红蓝军对抗"：在华为内部有一个特殊的部门，叫"蓝军参谋部"，该部门最早成立于2006年，隶属于公司战略营销体系。所谓"蓝军"，原指在军事模拟对抗演习中专门扮演假想敌的部队，通过模仿对手的作战特征与"红军"（代表正面部队）进行针对性的训练。华为"蓝军部"采取逆向思维，从不同的视角观察公司的战略与技术发展，论证"红军"战略/产品/解决方

案的漏洞或问题；模拟对手的策略来对抗"红军"。任正非提道："在研发系统的总体办中可以组成一个'红军'和一个'蓝军'，'红军'和'蓝军'两个队伍同时干，'蓝军'要想尽办法打倒'红军'，千方百计地钻他的空子，挑他的毛病。"按照任正非的解释："'蓝军'就是想尽办法来否定'红军'。不要怕有人反对，有人反对是好事。"

上文提到的我们帮助客户创造"用户文化"的工作原则，基于这些原则，我们也引导客户创造了一系列让用户文化落地的创新文化实践活动，如：

- 用户吐槽大会：邀请用户，或者模拟用户，对产品和服务提出吐槽意见并理性梳理，形成产品改进和创新意见和行动。
- 创新大赛：不同的部门提出围绕用户的创新方案，并展开比赛评比，颁发最佳创新大奖。
- 用户拜访：组织不同部门按计划拜访用户，并形成拜访访谈记录，组织内部分享和提出改进意见。

文化是创造出来的

现在许多组织都在学习华为。当某个企业风头正劲时，众多企业都愿意跟风式地学习，但往往效果不佳，学不到本质。究其原因，一个方面是由于不同企业所处的市场环境、发展阶段、战略模式都不尽相同；另一个方面就是很多组织看不到自己组织成功的底层逻辑，而盲目地学习其他的组织，结果变成东施效颦，缺乏成效。因此，我提倡组织结合自己的发展阶段、业务模式和市场环境来创造自己组织独特的文化。前面提到的优秀企业，他们的文化实践都是自己逐步创造出来的，而不是简单模仿他人而来。作为文化创造的主要推手，领导者在创造文化中可以从如下维度入手：

- 看到组织心智差距，提出基于更高心智的价值观念和行动要求（代表人物：任正非）；
- 基于对于组织和个人心智的理解重新诠释使命愿景和价值观的含义（代表人物：纳德拉）；
- 面对业务挑战和组织内外部问题不断提出新的工作原则（代表人物：达利欧）；
- 不断在组织中倡导和推动基于更高心智的文化实践活动（代表人物：任正非）；
- 主导能够帮助组织成员提升心智和推动业务的文化实践活动（代表人物：达利欧）。

第 17 章

领导者的灵性成长

> 何其自性，本自清净；何其自性，本不生灭；何其自性，本自具足；何其自性，本无动摇；何其自性，能生万法。
>
> ——慧能

> 我们应该洞悉人们与生俱来的高贵和美善本性。
>
> ——杰克·康菲尔德

灵性并不是计算

在当代这个理性至上的世界里，人们的谈论焦点大都是如何赚钱、如何处理人际关系、如何掌握专业技能、如何达成业绩、如何做到技术创新，以及追求更为舒适便捷的生活方式。灵性这一概念，似乎已被多数人置于脑后，鲜少有人深入探究。随着人工智能技术的飞速发展，人们甚至开始探讨人工智能终将取代人类智能，有一天，人工智能会不会产生出自主意识，开创硅基文明的新纪元，从而彻底替代碳基文明的人类。

然而，正如荣获诺贝尔物理学奖的英国科学家彭罗斯所言："人的意识蕴藏着神奇的能力，超越了任何固定的算法"；"所有思考都是计算，但所有计算都无法产生意识"。我同样相信，人类的意识与灵性，绝非人工智能所能替代。毕竟，无论人工智能如何智能，其本质仍是一种计算程序。而灵性，正是人类能够成为地球上高等智慧生命的核心所在，而我们存在的本意并非只是计算。

若以领导者"确立愿景、分享目标、获得支持、达成成果"的角度来审视，佛陀（悉达多）无疑可被视为这个世界上最成功的领导者之一，而佛教组织也堪称世界上最悠久、最成功的组织典范。由此可见，人类灵性可以焕发出的领导力无疑是最高层面的领导力。忽视灵性的追求，或许是当今科学主义社会中的人们，包括众多领导者的一大缺憾。

何为灵性

灵性，在现代人的认知中，往往被等同于虚幻与迷信。然而，我们有必要重新审视并认知灵性的真意。

肯·威尔伯在其著作《灵性的觉醒》中指出，灵性乃是"共同觉醒的我们"中最深层的真我体现。"灵性"一词虽简短，却蕴含着无穷深意，它可指代：

（1）任何人意识成长路径的至高境界。灵性具有深刻的超理性与超个人特质，是意识成长的终极层次。

（2）灵性智力本身也是一个独立的发展路线。每个人的灵性路线可以包括前个人、个人和超个人的阶段和层次。

（3）某种特殊的高峰体验或状态，包括宗教或灵性体验、冥想经验等。

（4）某种特定的高度，如爱、同情或智慧的极致层面。

在《灵性的觉醒》中，肯·威尔伯汇总了马斯洛、杰伯赛、皮亚杰、韦德、凯根、格鲁特等众多学者的发展路线学说。无论是马斯洛的自我超越、康芒斯等提及的高级心灵，还是格鲁特所述的超个人自我认知，都揭示了灵性发展是一个人成长路径的至高层面（如图17-1所示）。

不同文化对"灵性"有着各自的诠释。灵性也被称之为"大我""真我""内在之光"。灵性可以被视为人之"为人"的本质所在，是人与物质世界及动物界区分的核心。

在中国文化中，六祖慧能所言的"自性"，实则即是灵性。而王阳明则称之为"心"。

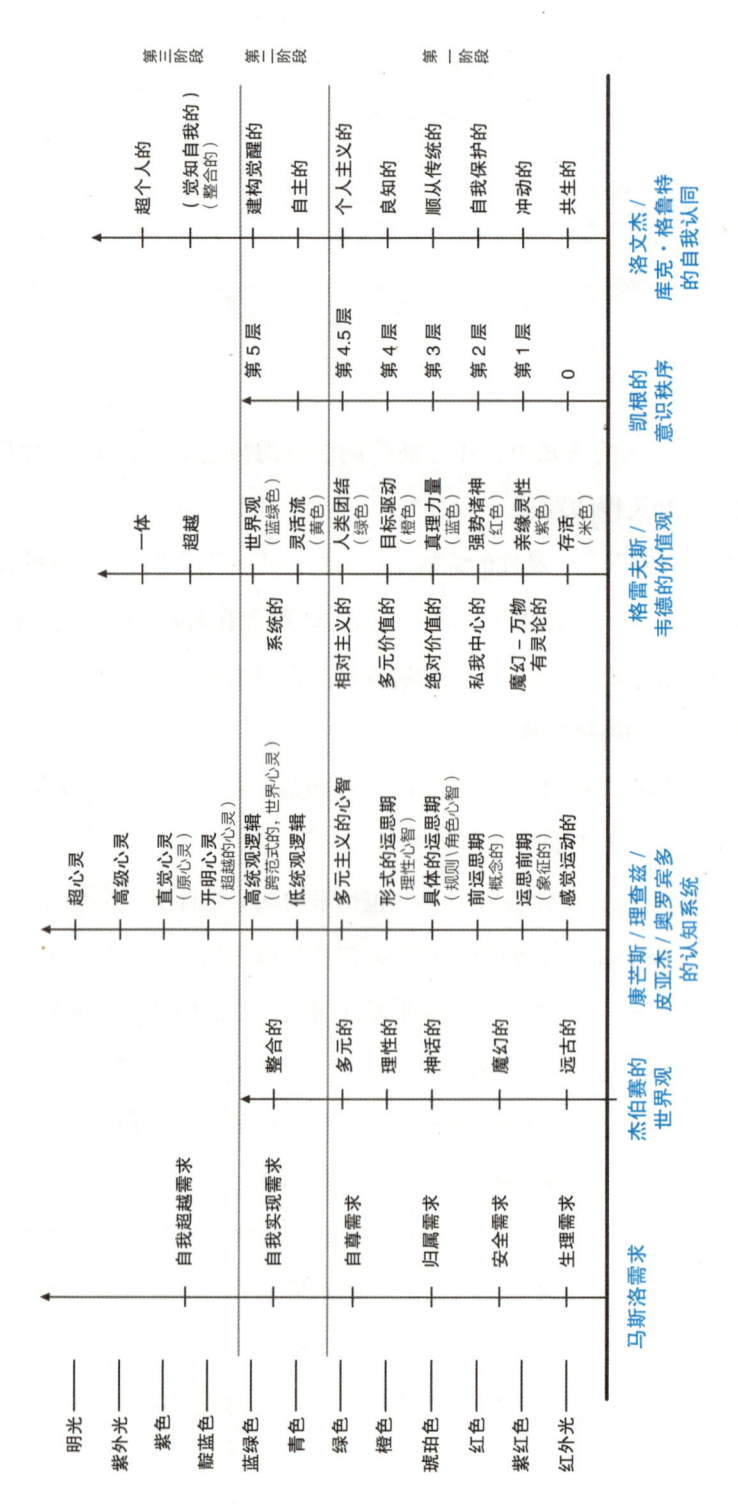

心智整合 MIND INTEGRATION AT WORK

图 17-1 肯·威尔伯的发展路线图

古希腊有一则神话故事，叫"忒修斯之船"，为灵性具备的"连续性（不生不灭）"提供了一个生动的例证。据传古希腊的英雄忒修斯曾经驾驶一艘船去克里特岛杀死了牛头怪米诺陶洛斯。这艘船后来返回雅典，被视为神圣的物品并被保存下来。由于自然磨损和维护需要，船上的木板逐渐被替换，直到所有的木板都已经根本不是原来的材料。那么这艘船是否仍然是原来的"忒修斯之船"？尽管船上的木板因磨损而逐渐被替换，直至全部更新，人们仍认为它是同一艘船，因为它承载着特定的历史、文化与精神象征意义。

同样，人体细胞在不断进行新陈代谢，旧的细胞会死亡并被新的细胞所替代。据科学研究，人体内的细胞几乎在七年内会完全更新一次。那么，从生物学角度看，七年后的你是否仍然是原来的你哪？我们其实对于自我身体内部的变化更新都有明确的看法，那就是我和七年前的我还是同一个我。为什么之前的我还是现在的我哪？唯一的答案就是每个人具备的灵性的持续性。我不是我的肉体，而是我的灵魂。由于我的灵魂的稳定和持续，我虽然不断成长和更新，但我依然是我。

组织也具备灵性。很多历经长时间发展的企业，即使经历了业务的剧烈变革，领导层和组织人员都彻底变化了，但我们仍然认为这些组织保持着原有的品牌和价值观。

在很多中国人的认知中，7-11是一家日本零售企业，在中国也拥有众多门店。然而，当我2013年在美国开会时，听到7-11美国公司人力资源负责人的介绍，才了解到7-11其实源自美国。其前身是美国南方公司于1927年在得克萨斯州创立的全球首家便利店Tote' m Store。该公司最初竟然是经营冰块生产及零售的，后来逐渐扩展至销售牛奶、鸡蛋等日常必需品，逐渐演变成便利店的雏形。1946年，由于营业时间延长为上午7时至晚上11时，公司更名为7-11。到1963年，7-11在美国的门店数量已超千家，并实行全天24小时营业。1973年，日本伊藤洋华堂公司获得7-11在日本的特许经营权，开启了7-11的国际化进程。1974年，日本首家7-11便利店在东京开业，不久后便实行24小时全天候营业，这一模式迅速赢得了消费者的青睐。至1990年，伊藤洋华堂在日本已拥有近4000家7-11便利店。随着市场的不断扩张，7-11在日本便利店行业中的地位日益稳固。2005年，Seven & I Holdings公司（由Seven-Eleven Japan、Ito-Yokado、Denny's Japan于2005年9月合并成立）收购了美国南方公司72.7%的股份，使7-11正式成为一家日本公司。这一收购标志着7-11在全球范围内的整合与统一管理的开始。在铃木敏文的领导下，7-11不仅在日本取得了巨大成功，还在全球范围内迅速扩张。截至2018年，7-11已在全球17个国家和地区拥有超过67000家门店，成为全球最大的便利店集团。

未来的世界是灵性的世界

国外有学者也提出了灵性领导力（Spiritual Leadership）与灵性资本（Spiritual Capital）的概念。领导者的源动力并非他们的知识、经验与技能，而是他们的精神性。优秀的领导者善于为组织设定使命、愿景，并提供价值观指导，这些都源于精神层面的追求。领导者虽有物质追求，但使他们成为领导者的，一定是他们在精神与灵性层面的本质追求。这正说明了商学院能培养出有效的管理者，却难以培养出优秀领导者的原因。

很多领导者都展现出巨大的灵性资本。这是他们探索人生意义、激发创新精神与实现个人及组织价值的重要力量。

如果你去参观西安的大雁塔，就可以看到大雁塔北边的影壁上由赵朴初先生题写的"民族脊梁"四个大字。"民族脊梁"是对玄奘法师卓越贡献和崇高精神的高度赞扬。当我第一次看到这个评价时，我还没有理解到为什么玄奘法师被称为"民族脊梁"。但细想他历时17年，历经艰险取回佛经657部，并翻译佛经75部，为世界佛教文化的发展做出了巨大贡献。在取经过程中，他深入研读佛经，汲取了深厚的智慧，这些智慧不仅助他克服了重重困难，也使他成为汉传佛教史上最伟大的译经师之一。他焕发的坚韧，求真、不畏艰难的精神的确是人类灵性之光，也让世人明白了我们这个民族的底层力量。

对领导者而言，灵性资本是创新的源泉、发展的动力。它赋予领导者前瞻性的眼光、战略性的思维，以及持续不断的创新精神。灵性资本还关乎人生信仰、使命感与目的感，它使我们在追求生活意义、宇宙和谐、爱与信仰的道路上永不止步。这股力量对个人、组织乃至社会都深具影响,是领导者不懈奋斗的动力源泉。

如何发展灵性领导力

灵性成长不是可有可无的追求，而是满足领导者深层精神需求、实现自我超越的关键。然而，灵性不是我们日常生活中通过学习知识或者锻炼技能就能够习得的，因为灵性本来就是人之为人的本质，它根植于我们每个人的内心，我们需要的不是习得，而是觉醒和发现。在这个层面，阅读一些学者和导师的书籍，能够开启我们对灵性领域的探索，并促发我们内心灵性的觉醒。

- 肯·威尔伯的理论为领导者构建了全面且深入的人类意识发展框架。他将人类意识按光谱分类，从阴影到自我、心智与灵魂，最终达至灵性圆满。领导者可借助这一理论，审视自身思维局限，突破固有模式，实现意识层次的进阶，开启深度的内在探索。
- 一行禅师以正念教导闻名，他强调领导者的正念训练，让内心回归平静，面对繁杂事务时保持专注与清醒。
- 埃克哈特·托利强调活在当下，专注当下能使领导者全身心投入工作，敏锐捕捉机会，做出明智精准的决策，避免因内耗错失良机。

这些学者和导师的思想，为领导者精神层面的成长提供了丰富的指引。领导者可以积极将这些理念融入日常实践，持续深耕灵性和精神层面的成长。

对于领导者而言，展开整合式的灵性修炼同样至关重要。这包括从身心灵和阴影层面进行持续的锻炼，如冥想、建立信仰体系、阅读与学习、培养多元视角、阐明世界观，以及通过有氧运动、健康饮食、太极、瑜伽等方式来维护身心的平衡与和谐。

最后，基于持续的学习和探索，领导者发展灵性的过程中必然会带来观念的转变，这些观念转变可能包括：

- 从物质追求走向精神创造；
- 从内在冲突走向和谐宁静；
- 从二元对立走向没有疆界；
- 从匮乏心态走向本自具足；
- 从恐惧死亡走向持续永恒。

毫无疑问，未来的领导者将是更具灵性的领导者。期待更多的领导者也会因此启动自我的灵性探索。